Hans Schulz

Wallenstein und die Zeit des dreissigjährigen Krieges

Hans Schulz

Wallenstein und die Zeit des dreissigjährigen Krieges

ISBN/EAN: 9783744649759

Printed in Europe, USA, Canada, Australia, Japan

Cover: Foto ©ninafisch / pixelio.de

More available books at **www.hansebooks.com**

Wallenstein

und die Zeit des dreißigjährigen Krieges

Von

Dr. Hans Schulz

Mit 4 Kunstbeilagen und 150 authentischen Abbildungen

> Sedulo curavi humanas actiones non ridere,
> non lugere neque detestari, sed intelligere.
> Spinoza

Bielefeld und Leipzig
Verlag von Velhagen & Klasing
1898

Von diesem Werke ist für Liebhaber und Freunde besonders luxuriös ausgestatteter Bücher außer der vorliegenden Ausgabe

eine numerierte Ausgabe

veranstaltet, von der nur 100 Exemplare auf Extra-Kunstdruckpapier hergestellt sind. Jedes Exemplar ist in der Presse sorgfältig numeriert (von 1—100) und in einen reichen Ganzlederband gebunden. Der Preis eines solchen Exemplars beträgt 20 M. Ein Nachdruck dieser Ausgabe, auf welche jede Buchhandlung Bestellungen annimmt, wird nicht veranstaltet.

Die Verlagshandlung.

Druck von Fischer & Wittig in Leipzig.

Albrecht von Wallenstein. Gemälde von Anton von Dyck in der alten Pinakothek zu München.
(Nach einer Originalphotographie von Franz Hanfstängl in München.)

Abb. 1. Truppenlandung. Nach Callot „Les misères et les malheurs de la guerre."

Wallensteins Schicksal, sein grausamer Sturz von gewaltiger Höhe, hat von jeher das Verlangen erregt, die treibenden Momente, seinen Charakter und den seiner Zeit zu ergründen. An ihm wie an wenigen Männern der Geschichte ist ersichtlich, wie sehr er das Geschöpf gerade der Verhältnisse gewesen ist, in die ihn das Geschick hineingeführt hat. Aber ebenso deutlich wird es, mit welchem Genie und welcher Thatkraft er die Kräfte seines Zeitalters sich nutzbar gemacht, wie er die Ideen, die ihm durch den unsichtbaren, aber vernehmlich rauschenden Strom der Zeit zugetragen wurden, zu verwirklichen und seinen Lebensgenossen aufzuzwingen versucht hat. Zwei politische Principien standen einander gegenüber, beiden hat er gedient. Daß dies nicht ohne Einflüsse möglich war, die sein Inneres bis in die Tiefen bewegten, ist natürlich. Aber die geheimen Regungen des Menschenherzens sind meist verborgen, des Menschen Kern muß aus dem, was von seinem Wollen und Handeln auf die Außenwelt wirkt, erschlossen werden.

Deutschland hatte zur Zeit, als Wallenstein geboren wurde, sich mit den neuen Verhältnissen abzufinden, die durch die Reformation geschaffen waren. Kaiser Karl V. hatte das Ziel, das er sich für seine Lebensarbeit gesteckt hatte, nicht erreicht. Die universale Machtstellung des Kaisertums, die er herzustellen strebte, war nur möglich, wenn die gesamte Christenheit einer einzigen, ungeteilten Kirche angehörte, er hatte das Unglück, daß gerade unter seiner Regierung der Mönch von Wittenberg zur Reinigung der alten Kirche schritt, daß die ganze deutsche Nation im Kampfe um ihr heiligstes Gut in Gegensatz zu ihm trat. Um die Kräfte Deutschlands für seine auswärtigen politischen Zwecke verwenden zu können, mußte er den Deutschen unbequeme Zugeständnisse machen; dadurch daß er anderseits die neue religiöse und nationale Bewegung bekämpfte, geriet er in einen Zwiespalt mit den deutschen Landesfürsten, der mit dem Zusammenbruch der kaiserlichen Gewalt endete.

Resigniert überließ es Karl seinem Bruder Ferdinand, sich mit den deutschen Fürsten auseinanderzusetzen. Auf dem Augsburger Reichstage von 1555 wurde der Friede geschlossen. Das Augsburger Bekenntnis wurde den Reichsständen freigegeben, für die Unterthanen aber bestimmte der Landesherr die kirchliche Zugehörigkeit, wes das Land, des der Glaube, ein unheilvoller Grundsatz, der von evangelischer Freiheit weit abirrte.

Die Religion wurde als ein Regal, wie Jagdregal oder Salzregal behandelt. Nur den geist-

Namenszug Wallensteins. 1628. A. H. z. F. (Albrecht Herzog zu Friedland).

Schulz, Wallenstein. 1

Abb. 2. Maximilian II. im kaiserlichen Ornat.
Nach dem Original in der Großherzoglichen Bibliothek zu Darmstadt.

erkannte die Bestimmungen an, die ihnen zum Schaden getroffen waren. Weder Glaubenseinheit noch auch Glaubensfreiheit war dem deutschen Volke gewonnen, der Frieden barg den Keim neuen Streites, erbitterten Haders in sich.

Deutschland war allmählich überwiegend protestantisch geworden, fast ganz Norddeutschland und die Fürsten der Kurpfalz, von Württemberg, Baden Durlach, Baden-Baden, fast alle großen Reichsstädte, Frankfurt, Speier, Worms, Straßburg, Nürnberg, Ulm, Regensburg gehörten dem Protestantismus an, bald war nur noch ein Zehntel der Deutschen katholisch.

Trotz des geistlichen Vorbehaltes kamen Bistümer, welche inmitten von protestantischen Gebieten lagen, in protestantischen Besitz, schließlich war östlich der Weser nur noch das Bistum Hildesheim in katholischen Händen.

lichen Fürsten wurde das Bekenntnis nicht freigestellt, sondern das römische vorbehalten. Trat einer von ihnen zum Protestantismus über, so war es ihm nicht nur verwehrt, seine Lande nach sich zu ziehen, er mußte vielmehr sofort sein Besitztum verlassen. Da aber in vielen Stiftern, besonders Norddeutschlands, der größte Teil der Einwohner bereits protestantisch war, gab König Ferdinand auf das Verlangen der Evangelischen die schriftliche Erklärung, daß in den geistlichen Gebieten die Anhänger der neuen Lehre Religionsfreiheit genießen sollten.

Aber keine der beiden Religionsparteien

Aber bald stand der Protestantismus in seinem Fortschritt still. Der Grundsatz des Luther von 1521, von keiner Autorität auf Erden sich den Glauben vorschreiben zu lassen, war in keiner irdischen Kirche, in keiner Landeskirche durchzuführen. Und so begannen die öden theologischen Streitigkeiten über Normen und Riten, in denen viel geistige Kraft und Scharfsinn vergeudet wurden. Die Lutherischen blieben beim Auszug aus der Feste des römischen Katholicismus am ersten Ruheplatze und stritten sich über den Weg, den sie fernerhin einzuschlagen hätten. Die Spaltung unter den Protestanten wurde nicht wenig durch das Eindringen des Kalvinismus in Deutschland vergrößert. Klarer, kühler und praktischer eroberte er sich die Länder alter Kultur im Westen.

Religionsgespräche führten zu keiner Verständigung unter den Konfessionen. Der Ausgleich unterblieb, die Feindschaft wurde so heftig, daß die Anhänger Calvins den starren Lutheranern bald gefährlicher dünkten als die Papisten, und daß die Bezeichnung Calvinist ein Schimpfwort wurde.

Dem gegenüber organisierte sich die römische Kirche auf dem Tridentiner Konzil von neuem im alten dogmatisch-scholastischen Sinne, und verjüngt und neu gefestigt konnte sie daran denken, den verlorenen Boden zurückzuerobern. Ihre wertvollste Truppenmacht war die Compagnie Jesu, der Jesuitenorden, der von Ignatius von Loyola gegründet, bald den Kampf gegen die Ketzer als seine wichtigste Aufgabe betrachtete. Von seinem Stifter, dem ehemaligen Soldaten, auf der Grundlage unbedingten Gehorsams streng militärisch organisiert, sandte er seine Vorposten nach Deutschland. Sie gewannen das Ohr der katholischen Fürsten, bald auch die Herzen der Jugend in den Unterrichtsanstalten, die zahlreich errichtet wurden. Auf wen Fürsten und Jugend hörten, der durfte der Zukunft gewiß sein. Auch der Kapuzinerorden beteiligte sich an der Ausbreitung des römischen Bekenntnisses. Durch die Regel des heiligen Franziskus zur Armut verpflichtet und auf das Betteln angewiesen, kam er mit allen, auch den untersten Klassen der Bevölkerung in Berührung, verschmähte aber in der Erkenntnis, daß die Lage der katholischen Kirche von der Politik der Mächte abhängig war, nicht, auch diplomatisch thätig zu sein. Im Kriege war es sein Bestreben, die Soldaten zu religiöser Begeisterung zu entfachen, und so läßt Schiller mit Recht gerade einen Kapuzinerpater in „Wallensteins Lager" auftreten.

Wie die Protestanten gegen den geistlichen Vorbehalt Bistümer mit ihren Glaubensgenossen besetzten, so zwangen die katholischen geistlichen Fürsten der Erklärung des Königs Ferdinand zuwider ihre Unterthanen oft in der grausamsten Weise zur Rückkehr zur alten Kirche. Einen Rückhalt fand die Gegenreformation im nordwestlichen Deutschland an den benachbarten spanisch-katholischen Niederlanden, deren Herrscher Philipp II., das Haupt der spanischen Linie des Hauses Habsburg, der vordringenden ultramontanen Idee seinen weltlichen Arm lieh. Der deutsche Habsburger und Träger der Kaiserkrone, Maximilian II. (Abb. 2), neigte noch mehr als sein Vater Ferdinand zum Protestantismus, er versuchte eine vermittelnde Richtung zwischen diesem und dem Katholicismus innezuhalten, dem Calvinismus war auch er völlig abgeneigt. Diese Halb

Abb. 3. Bronzestatue Kaiser Rudolfs II. von Adriaen de Fries (1603). Nach dem Original im kaiserl. königl. Kunsthistorischen Hofmuseum zu Wien.

Abb. 4. Ferdinand II Nach einem Stich von Egidius Sadeler im Königl. Kupferstichkabinett zu Berlin.

heit trug aber nicht dazu bei, sein Ansehen und seine Macht als Kaiser zu heben, er wurde der inneren Gegensätze nicht Herr, so daß auch ein kraftvolles Auftreten des Reiches nach außen unmöglich wurde. Gegen die Türken wurde trotz der heldenmütigen Verteidigung Szigeths durch Zriny kein entscheidender Erfolg errungen, bei den Kämpfen in den formell zum Reich gehörenden Niederlanden war dieses fast gänzlich unthätig, es blieb den Territorialfürsten überlassen, in die Wirren ihrer Nachbargebiete selbständig einzugreifen.

Durch des Reiches Ohnmacht wuchs die Macht der Fürsten, welchen Glaubens sie auch waren. Die kaiserliche Macht-

Abb. 5. Maximilian I. von Bayern. Nach einem Stich von Wolfg. Kilian im Königl. Kupferstichkabinett zu Berlin.

vollkommenheit war auf allen Gebieten durch die Reichsstände beschränkt; die Militärverfassung war seit der Einteilung des Reiches in zehn Kreise ständisch, die Entscheidung über Krieg und Frieden lag beim Reichstage; im obersten Gericht, dem Reichskammergericht, hatte der Kaiser als solcher nur einen geringen Bruchteil der Mitglieder zu ernennen. Die Besteuerung war den Reichsständen übertragen, in kirchlichen Dingen hatte der Kaiser Befugnisse nur, soweit er Landesherr war. Aus dem heiligen römischen Reich deutscher Nation war eine Republik deutscher Reichsstände mit einem machtlosen Kaiser als Repräsentanten geworden. Wohl versuchte Maximilian II. eine kräftigere Kriegsverfassung ins Leben zu rufen, die seine kaiserliche Macht gehoben hätte, aber er scheiterte auf dem Reichstage zu Speier 1570 an dem Mißtrauen beider Religionsparteien gegen seine Unparteilichkeit. — Nicht immer waren die Reichsstände einig, wenn es sich um die Wahrung ihres Vorteils handelte. Der konfessionelle Streit führte zu einem schroffen politischen Gegensatz, Calvinisten und Lutheraner fanden zwei Centren, um die sie sich scharten, hier Kurpfalz, dort Kursachsen, die einander eifersüchtig beobachteten. Diesen Zwiespalt benutzte der Kaiser klüglich, und es gelang ihm hierdurch seinem Sohne Rudolf, dem Zöglinge des Hofes von Madrid, die Nachfolge im Reiche zu

Namenszug Maximilians I. von Bayern.

verschaffen, ohne genötigt zu werden, den Protestanten bindende Zugeständnisse zu machen.

Von Kaiser Rudolf II. (Abb. 3) wurde das Programm der spanischen Habsburger auch auf das Reich übertragen: Ultramontanismus und Durchführung des monarchischen Absolutismus gegenüber der ständischen Libertät. Die stolze Lehre vom Recht der Persönlichkeit sollte unterdrückt werden zu Gunsten einer Uniformierung nach römisch-spanischem Schnitt. Das Streben nach Einheit bekämpfte den Wunsch nach Freiheit. Ja, wäre Rudolf ein wahrhaft deutscher Kaiser gewesen! Seine Abhängigkeit vom spanischen Einfluß verschärfte den Gegensatz, dem katholischen Kaiser traten die Evangelischen, dem spanischen die nationaldenkenden Reichsstände gegenüber. Sie fürchteten, daß das Reich in der spanisch-habsburgischen Weltmonarchie aufgehen würde.

Unter Rudolf II., dem schwachen, aber dabei leidenschaftlichen Kaiser, der im Wahnsinn enden sollte, begann der Kampf gegen Protestantismus und Libertät auf der ganzen Linie. Nun hieß es, der Augsburger Religionsfriede sei nicht für die Dauer abgeschlossen — die Grundlage des gesamten Rechtszustandes im Reiche wurde dadurch erschüttert. Am schroffsten ging ein Vetter des Kaisers, Erzherzog Ferdinand, (Abb. 4) vor. Ein Jesuitenzögling, bigott und fanatisch, war er nach Loretto gewallfahrtet und hatte die Wiederherstellung der katholischen Religion gelobt. Nicht durch die Waffen des Geistes, sondern mit Gewalt trieb er die Bewohner seiner Erblande Steiermark, Kärnten und Krain in den Schoß der alleinseligmachenden Kirche.

Durch die Jesuiten am Hofe zu Prag wirkte er auf den Kaiser, der nun in seinen Landen in gleichem Sinne thätig war.

Ähnlich gewaltsam wurde im Reiche verfahren. Als in der überwiegend protestantischen Reichsstadt Donauwörth ein Tumult entstand, weil eine Prozession ihres einzigen kleinen Klosters gegen das Herkommen mit fliegenden Fahnen durch die Stadt zog, erklärte der Reichshofrat, ohne zuständig zu sein und ohne die Kurfürsten befragt zu haben, die Reichsacht über das Städtchen. Ihre Ausführung wurde nicht verfassungsmäßig dem schwäbischen Kreise, sondern dem Herzog Maximilian I. von Bayern (Abb. 5) aufgetragen,

Abb. 6. Christian von Anhalt-Bernburg.
Nach einem Stich von 1615 von Lukas Kilian im Königl. Kupferstichkabinett zu Berlin.

Abb. 7. Graf von Tilly. Nach einem Stich von B. Moncornet im Königl. Kupferstichkabinett zu Berlin.

dem Mitzögling und Gesinnungsgenossen Ferdinands von Steiermark, und dieser berief, was nichts mit der Achtsvollstreckung zu thun hatte, die Jesuiten hinein, erlaubte nur katholischen Gottesdienst, ja behielt die freie Reichsstadt als bayerische Landstadt.

Dieser und andere Übergriffe veranlaßten endlich eine Anzahl deutscher Fürsten sich zur Wahrung der evangelischen Interessen auf dem für 1608 nach Regensburg berufenen Reichstage zusammenzuschließen. Als sie hier aber der Mehrheit der vielen kleinen und kleinsten geistlichen Würdenträger gegenüber die Abstellung ihrer Beschwerden nicht durchsetzen konnten und die Gefahr drohte, daß die katholisierende Vormacht des orthodoxen Luthertums, Kursachsen, ins feindliche Lager überging, da sprengten Pfalz, Brandenburg, Hessen-Kassel, Anhalt und andere den Reichstag, indem sie ihn verließen.

Dabei blieb es nicht. Im Mai desselben Jahres wurde in dem ansbachischen Dorfe Ahausen auf Betreiben Fürst Christians I. von Anhalt-Bernburg (Abb. 6), des unerschöpflichen Projektemachers, ein Bündnis protestantischer Fürsten, die Union, geschlossen, zur Verteidigung der Bundesgenossen gegen Angriffe, wo sie auch herkämen. Sofort wurde eine Kriegsverfassung ein-

Abb. 8. Satirisches Blatt: Die schändliche Flucht der wölfischen Papisten.
Nach einem Stich in der Stadtbibliothek zu Breslau.

gerichtet und Verbindungen mit dem Ausland, namentlich mit Heinrich IV. von Frankreich, angeknüpft. Die Antwort der Gegenpartei war die Liga, ein Bund katholischer Fürsten mit Maximilian von Bayern an der Spitze, der bald darauf ein Heer aufstellte, zu dessen Führer Johann Tserclaes von Tilly (Abb. 7), ein in den Kämpfen mit Ungarn und Türken erprobter Soldat, ernannt wurde. Aber nicht alle protestantischen Stände gehörten zur Union; da Kurpfalz an ihrer Spitze stand, hielt sich besonders Kursachsen fern, — und nicht alle katholischen Stände gehörten zur Liga, vielmehr sollte Österreich ausdrücklich von ihr ausgeschlossen sein, ein Beweis, daß auch katholische Reichsstände das habsburgische System fürchteten. So war die Gruppierung der deutschen Mächte erfolgt, die wahlverwandten Elemente hatten sich gefunden. In jedem Augenblicke konnte ein Zufall den Ausbruch des Krieges veranlassen. Der Streit um die Erbfolge in Jülich und Kleve schien den Weltkrieg entfachen zu wollen. Da traf der Mordstahl den Mann, der alle Fäden in seiner Hand hielt, Heinrich IV. Noch einmal war die Kriegsgefahr beseitigt.

Die lange Friedenszeit, nur durch örtliche geringwertige Fehden unterbrochen, war dem Reiche von großem Nutzen gewesen. Die Bevölkerungszahl hatte sich gemehrt, der Wohlstand sich gehoben. Das Land war zumeist wohlbebaut, der Bauernstand, der festgewurzelt auf altem Erbe saß, freute sich der reichen Erträge von Getreide, Industriepflanzen und Wein, war stolz auf die tüchtige Zucht seiner Rosse und des Viehs. Die Bürger saßen betriebsam in ihren Städten, die alle mit Mauern, Türmen und Gräben geschützt, vielfach auch als starke Festungen ausgebaut waren. Zwar stand der Handel nicht mehr auf der früheren Höhe, die Handelswege waren andere geworden und die Konkurrenz der Niederländer und Engländer bedeutend, so daß die einst in den Nordmeeren gebietende Hansa immer mehr zurückging, aber doch herrschte noch reiche Wohlhäbigkeit in den Städten, die Freude an schön gearbeitetem Hausrat, an kunstvoll geschmiedetem Edelgeschirr war geblieben. Das Ratssilber vieler Städte, der Schmuck der Zunftstuben zeugten von rühmlichem Gemeinsinn, von Stolz auf die Gemeinschaft, der man angehörte. Die Ruhe des Friedens erlaubte auch, das Interesse nicht nur auf den Gelderwerb zu richten. Die Zahl der Bücherdrucke wuchs von Jahr zu Jahr, es begann sich eine öffentliche Meinung zu bilden, ja sie wurde zu einer Macht. Die Zeitungen waren nicht mehr das, was sie nun fast hundert Jahre gewesen waren, die einmalige, vereinzelte Mitteilung einer Neuigkeit, einer Schlacht, der Entdeckung neuer Länder, eines Wunderzeichens, einer Mißgeburt, mit einem ungefügen Holzschnitt auf ein oder mehrere Quartblätter gedruckt, es entwickelte sich eine periodische Presse, regelmäßig wiederkehrende Berichte hielten den Bürger, der sie vom Buchführer um ein Billiges erstand, auf dem Laufenden über die Ereignisse der europäischen Politik und die Bewegungen des Handels. Natürlich beherrschten die leidigen theologischen Streitigkeiten die Litteratur, und mancher Hausvater betrachtete schmunzelnd ein fliegendes Blatt mit satirischer Darstellung oder las vergnüglich eine Streitschrift, in der die konfessionellen Gegner mit nicht gerade sanften und lieblichen Worten abgethan wurden — für unseren Geschmack sind diese Schriften mit deutlichen Ausdrücken meist zu sehr gewürzt. In einem Punkte aber waren die Konfessionen einig; wie unter einer Krankheit litten alle unter dem Glauben an die Möglichkeit eines Verkehrs mit dem Herrn der Finsternis, und seitdem durch päpstliche Bullen die Gemeingefährlichkeit dieses Verkehrs proklamiert war, herrschte eine wahnsinnige Wut der Hexenverfolgungen, die, eine Schmach des menschlichen Namens, besonders in den Bistümern am Rhein und Main ungezählte Opfer forderte. Das Schauspiel einer Hexenverbrennung wurde von diesen „Christen" in wildem Taumel genossen. Dem wurde durch die größere Verbreitung von Schulbildung nicht abgeholfen. Überreich war die Zahl der Lateinschulen, Unterrichtsgang und Methode waren bei den verschiedenen Konfessionen

Abb. 9. Kaiser Matthias.
Nach einem Stich von Egidius Sadeler im Königl. Kupferstichkabinett zu Berlin.

im wesentlichen gleich. Neue Hochschulen entstanden, aber das Beste, was sie boten, war ein dogmatischer Formalismus. Das Leben der Studenten war beherrscht vom Pennalismus und reich an blutigen Raufereien, die manch Leben forderten. Die Genüsse des Volkes waren die üblichen, dem Trunke wurde in erschreckendem Maße gehuldigt, die Fürsten gaben ihren Unterthanen darin ein unrühmliches Beispiel. Was Schauspieler auf der von drei Seiten offenen Bühne boten, war zumeist roh und unflätig, besonders die Vorstellungen der englischen Komödianten, die neben Susanna, dem verlorenen Sohn, dem beliebten Dr. Faustus, auch verballhornte Shakespearestücke darboten, Romio und Julietta, den Jud von Venedig, den bestraften Brudermord (Hamlet) u. a. Bald sollte ihr Repertoire durch das Drama vom verratenen Verräter, vom „General Wahlstein", vermehrt werden.

In den kaiserlichen Erblanden regierten, da Rudolf II. brotlose Künste trieb, sich der Astrologie und Alchymie hingab, die Jesuiten und Kammerdiener. Das unüberlegte reaktionäre Vorgehen der Regierung sollte aber dem Kaiser seine Lande kosten. Die Ungarn, Mähren und Österreicher erhoben sich gegen ihn, Matthias, der nächstälteste Bruder Rudolfs, den die Erzherzöge wegen der an kaiserlicher Majestät sich zeigenden Gemütsblödigkeit zum Oberhaupt des Erzhauses ernannten, fesselte sie durch Zugeständnisse an sich und erzwang von dem Bruder, dem nur Böhmen und Schlesien blieben, ihre Abtretung. Die Treugebliebenen aber erhoben sich kurz darauf ebenfalls und ertrotzten im Jahre 1609 die durch den Majestätsbrief verbürgte ständische und Religionsfreiheit. Der Verlust der Lande und der Zwang, die Protestanten dulden zu müssen, brachten Rudolf völlig um Überlegung und Verstand. Mit Hilfe von Truppen seines Vetters Leopold, Bischofs von Passau und Straß-

Abb. 10. Sekretsiegel Matthias' als römischen Königs.

burg, wollte er das Verlorene zurückgewinnen und den Katholicismus zurückführen; es mißlang, er verlor auch noch Böhmen und Schlesien, ihm blieb nichts als die Kaiserkrone, und auch diese zwang ihn der Tod seinem Besieger und Bruder Matthias zu überlassen.

Der alternde und schwache Matthias (Abb. 9 u. 10) vermochte nicht die Einheit im Reiche wiederherzustellen, die Spaltung wurde immer tiefer, der Reichstag von 1613, der letzte vor dem großen Kriege, schloß mit einem einseitigen Abschied, der ohne Mitwirkung der Protestanten erfolgte. Die vermittelnde Politik des Kaisers den Protestanten gegenüber rief aber ein verstärktes Intriguenspiel der ultramontanen Erzherzöge mit den Spaniern hervor, dem Matthias erlag. Er mußte Ferdinand von Steiermark als dereinstigen Nachfolger in den Erblanden anerkennen.

Dort, besonders in Böhmen, hatten die Protestanten schon seit Jahren über Verletzungen des Majestätsbriefes zu klagen. Am meisten Aufsehen erregte die Gefangensetzung von Braunauer Bürgern, weil sie dem Abt des Städtchens ihre protestantische Kirche nicht ausliefern wollten, und die Niederreißung der protestantischen Kirche in Klostergrab durch den Erzbischof von Prag, Vorgänge, durch welche den Abmachungen von 1609 zuwidergehandelt wurde. Die auf Grund des Majestätsbriefes eingesetzten Defensoren beriefen eine Versammlung der protestantischen Stände. Diese, besonders unter dem Einflusse des Grafen Heinrich Matthias von Thurn (Abb. 11), beschwerten sich beim Kaiser, und als eine abschlägige Antwort eintraf, beschlossen sie, der Regierung ihr Mißfallen so deutlich zu zeigen, daß es zum Bruch kommen mußte. Am 23. Mai 1618 zogen etwa hundert bewaffnete Ritter und Herren auf das Prager Schloß und warfen die ehemals protestantischen, dann nun so fanatisch katholischen Statthalter Slawata und Martinitz, denen sie die Schuld an dem ablehnen-

Abb. 11. Heinrich Matthias Graf von Thurn.
Aus dem „Theatrum Europeum".

den kaiserlichen Bescheid zumaßen, nebst dem Sekretär Fabricius zum Fenster hinaus (Abb. 12). Der Aufstand wurde organisiert, eine provisorische Regierung eingesetzt und Thurn mit dem Kommando eines schleunigst angeworbenen Heeres betraut. Matthias war zur Nachgiebigkeit geneigt, nachdem ihm aber sein oberster Ratgeber Melchior Kleil durch die extremen Erzherzöge entrissen war, übertrug er die Ordnung der böhmischen Angelegenheiten Ferdinand, und dieser, der erklärt hatte, lieber Land, Leute und Leben verlieren, als Ketzer dulden zu wollen, sandte Truppen unter Boucquoi (Abb. 13) und Dampierre nach Böhmen. Der Krieg begann glücklich für die Aufständischen, denen der kühne Abenteurer Ernst von Mansfeld (Abb. 14) mit einigen tausend Mann zu Hilfe eilte. Pilsen wurde genommen, Thurn drang in Österreich ein. Aber Ferdinand, der nach dem Tode des Kaisers für die eigene Herrschaft kämpfte, verlor den Mut nicht, obwohl die Zahl seiner Feinde wuchs, denn bald trat auch Mähren zu den Aufständischen über.

Da vollbrachte ein mährischer Oberst, Albrecht Wenzel Eusebius von Wallenstein, eine That, die für sein dereinstiges Schicksal vorbildlich sein sollte. Er versagte seinen Herren, den mährischen Ständen, den Gehorsam, um dem Könige treu zu bleiben. Und nicht mit leeren Händen ging er zu ihm über: es gelang ihm, die ständische Kasse nach Wien zu schaffen. Er erregte hierdurch das höchste Aufsehen, die Rebellen konfiszierten seine Güter, Graf Thurn schrieb in dem unverblümten Stil seiner Zeit: „Da sitzt die hoffärtige Bestia, hat die Ehr verloren, Hab und Gut und die Seel, so er nit Buße thut, darf er wohl ins Purgatorium kommen." König Ferdinand mißbilligte, wenigstens äußerlich, das Verfahren des treuen Wallenstein, erklärte, er begehre sich solches Geldes nicht teilhaftig zu machen, und ließ es zurückzahlen.

Dieser Mann, der durch seine Entschlossenheit und Skrupellosigkeit geschaffen schien, in einer bewegten Zeit eine bedeutende Rolle zu spielen, war damals 36 Jahre alt. Hundert Jahre nach Luther, 1583, war er am 24. September als Kind protestantischer Eltern zu Hermanitz im Thale der oberen Elbe geboren. Er entstammte der alten tschechischen Herrenfamilie der Waldstein — da er als Wallenstein der Weltgeschichte angehört, nennen wir ihn mit dieser Namensform — seine Mutter gehörte zu der reichen böhmischen Familie der Smiricky von Smiritz. In dem ärmlichen Dörfchen verlebte er seine Kinderzeit, bis er im zwölften Lebensjahre nach dem Tode seiner Eltern nach Koschumberg gebracht wurde, wo ihn sein Oheim Heinrich Slawata von Chlum mit dem erwähnten Wilhelm Slawata zusammen in den Lehren der böhmischen Brüder erziehen ließ. Aber bald starb auch jener, und ein anderer Oheim, der einer katholischen Linie angehörte, Johann Kawka von Riczan, brachte den Knaben in das Jesuitenkonvikt zu Olmütz. Hier gelang es dem Pater Veit Pachta, sich die Liebe Albrechts zu erwerben, und er ist es wohl gewesen, der seinen Schüler dem Katholicismus zuführte. Doch war dieser Übertritt zunächst wohl nur eine Äußerlichkeit. Seine geistige Unabhängigkeit zeigte der Jesuitenzögling dadurch, daß er 1597 die protestantische Lateinschule zu Goldberg in Schlesien besuchte — wir wissen davon durch ein Schreiben, in dem er sich über einen Soldaten beschwerte, der ihn Calvinist geschimpft hatte — und daß er 1599 die protestantische nürnbergische Universität Altdorf bezog. Hier kostete er ein ungebundenes und stürmisches Studentenleben bis zur Neige und war einer

Abb. 12. Der Fenstersturz zu Prag. Aus dem „Theatrum Europeum".

Abb. 13. Graf von Boucquoi.
Nach dem Gemälde von Rubens in der Ermitage zu St. Petersburg.

der Anführer bei allen wilden Tumulten, so daß seine Gewaltthätigkeit den Rat von Nürnberg veranlaßte, ihm zu befehlen, „sich von Altdorf hinweg zu thun und sein gelegenheitt anderer ortten zu suchen". Bald trat er eine längere Reise nach Deutschland, den Niederlanden, England, Frankreich und Italien an und studierte in Padua und Bologna besonders Mathematik, Astrologie und Kriegswissenschaft.

Auf die wissenschaftliche Schule folgte die militärische. Unter Georg Basta kommandierte er in Ungarn in einem Regimente des Grafen Thurn als Hauptmann ein Fähnlein Fußvolk, wobei er 1604 vor Kaschau durch die Hand geschossen wurde. Er überstand die Pest und suchte nach dem Friedensschlusse in der Umgebung des Erzherzogs Matthias Karriere zu machen, von seinem Schwager, dem bedeutenden mährischen Landeshauptmann Karl von Zierotin als junger Katholik von Herkunft, Bildung und guten Eigenschaften empfohlen. Sein Glück begründete Wallenstein aber, wie er selbst später anerkannte, durch eine Heirat. Die Jesuiten fürchteten, daß das Vermögen

14   Erste Ehe.

Abb. 14. Ernst Graf von Mansfeld. Nach einem Stich von Delff im Königl. Kupferstichkabinett zu Berlin.

einer reichen Witwe, Lukretia geborenen Ne- lichen Dame und Herr ihrer Güter in
tesch von Landeck, in nichtkatholische Hände   Mähren wurde. Zum Danke dafür re-
gelangen könnte. Pater Pachta arrangierte   katholisierte er diese Ländereien. Dem Eines, daß der junge kaiserliche Kämmerer   fluß dieser Gemahlin ist es wohl zuzu-
im Mai 1609 der Gemahl der etwas äl-   schreiben, daß Wallenstein von nun an

den katholischen Bestrebungen in höherem Maße diente, konnte er doch dadurch auch Förderung im Dienste Habsburgs erhoffen. Ein Fanatiker, wie die Konvertiten in der Regel, ist er nicht geworden, vielmehr zeigte er Zeit seines Lebens einen gewissen Indifferentismus in religiösen Dingen, den man beinahe Toleranz nennen könnte. Das Vermögen seiner Gemahlin gewährte ihm die Mittel, am Hofe des Matthias stattlich aufzutreten und sich Ansehen zu erwerben.

Wir besitzen ein merkwürdiges Dokument, um uns einen Begriff von der Persönlichkeit Wallensteins in den ersten Mannesjahren zu verschaffen, in denen ein jeder seine Stellung zu ergreifen pflegt, unmittelbar an der Schwelle des praktischthätigen Lebens. Es stammt von keinem Geringeren als von dem großen Astronomen Johannes Kepler. Schon frühzeitig trat der abergläubische Böhme, der zeitlebens ein astrologisches Amulett trug (Abb. 19), in Verbindung mit dem Gelehrten, der, wiewohl ungern, auch als Astrolog thätig war. Das Horoskop, das ihm Kepler, an der Sternwarte zu Prag bei Tycho de Brahe beschäftigt, 1609 stellte, ist erhalten, mit eigenhändigen Anmerkungen Wallensteins versehen. Das Wichtige daran sind nicht die Prophezeiungen, etwa daß Wallenstein im siebzigsten Jahre an einem viertägigen Fieber sterben werde, sondern die Charakteristik, die von dem Besteller der Nativität gegeben wird. Kepler war der Ansicht, daß man vergeblich ein Glück von oben herab wünsche, für das keine „Anleitung" im Charakter vorhanden sei. So schreibt er dem jungen Edelmann ein emsiges, unruhiges Gemüt zu, nach allerhand Neuerungen begierig; ihm gefalle gewöhnliches menschliches Handeln nicht, sondern er trachte nach neuen seltsamen Mitteln, habe mehr in Gedanken, als er äußerlich spüren lasse. Der Stern, der seinem Leben strahlt, ist der Saturn (nicht der Jupiter!), der melancholische, allezeit wachende Gedanken, Nichtachtung menschlicher Gebote und Sitten, auch aller Religionen verursache. Unbarmherzig, ohne brüderliche und eheliche Liebe, niemand achtend, geizig, betrüglich, meist stillschweigend, oft ungestüm werde er seine Lebensbahn wandeln. Dazu besitze er großen Ehrendurst und Streben nach Macht, wodurch er sich viel große und heimliche Feinde machen, ihnen aber meistenteils obsiegen werde. Er werde einen besonderen Aberglauben haben und dadurch eine große Menge Volkes an sich ziehen.

Es war so recht die Zeit für einen Mann von Thatkraft und eisernem Willen, zu Ruhm und Reichtum zu gelangen, wenn er nicht allzu vorsichtig in der Wahl seiner Mittel war. Das Abenteuerwesen blühte bald bei hoch und niedrig, gekrönte Häupter, Sprossen der erhabensten Geschlechter, suchten ihr Glück im Reiterdienst, zusammen mit Burschen, die aus

Abb. 15. Albrecht von Wallenstein.
Neueres Bild nach einem zeitgenössischen Gemälde im Schlosse zu Friedland.

Abb. 16. Das Haus, in dem Wallenstein während seines Altdorfer
Aufenthalts wohnte.

der Werkstatt oder vom Pfluge entlaufen waren.

Nach nicht ganz fünfjähriger Ehe starb Lukretia und hinterließ ihren Gatten im Besitz ihrer mährischen Güter und ihres Vermögens. Dies setzte Wallenstein in den Stand, mit Söldnerscharen, die er auf eigene Kosten warb, dem Erzherzog Ferdinand 1617 in seinem Kriege mit Venedig zu Hilfe zu kommen und im Verein mit Dampierre die belagerte Festung Gradisca zu verproviantieren. Die Ernennung zum Obersten war sein Lohn. Ein freiwilliger Reiterdienst knüpfte das Band zwischen diesen beiden grundverschiedenen Charakteren. Der eine, beweglichen Geistes, fähig, die Regungen seiner Zeit zu überblicken und zu durchschauen, voll Energie und Kraft, zu imponieren und seinem Willen Geltung zu verschaffen, ein starrer Egoist, von brennendem Ehrgeiz erfüllt und unerschöpflich in neuen Gedanken, ihm Befriedigung zu verschaffen, nur von den natürlichen Beziehungen der Dinge eine Wirkung erwartend, dabei aber doch in einem unklaren Ahnen des Glaubens an einen geheimnisvollen Zusammenhang der Geschehnisse dieser Erde mit den natürlichen Bewegungen der Himmelskörper, der ihn jeder Verantwortung für sein Thun enthob — der andere ein Schwächling, jeder ernsten Geistesarbeit abgeneigt, engherzig, unselbständig, ein Spielball seiner intriganten Höflinge und geistlichen Berater, ohne Verständnis für die vorwärts treibenden Kräfte der Zeit, nicht imstande, den Massen seinen Geist mitzuteilen, groß nur im Fasten und Beten, worin er es mit jedem Mönche aufnahm, erfüllt nur von dem Gedanken, Deutschland zu rekatholisieren, um jeden Preis, durch jedes Mittel, mochte er auch dabei ins eigene Fleisch schneiden. Wahrhaftig ein ungleiches Paar — das Schicksal hatte Wallenstein zu jenem geführt, bei ihm fand er die Macht, den Kleinen zu erheben, bei ihm die legitime, bald die in der Christenheit dem Namen nach am höchsten stehende Gewalt, bei ihm das fanatische Bestreben machtvollen Vordringens, in seinem Dienste also konnte er hoffen, seinem Ehrgeiz genug zu thun. Daher der offene Abfall zu ihm, zwar nicht gänzlich geglückt, denn Wallensteins Soldaten schlugen sich zum größten Teile zu den mährischen Ständen, aber geschickt eingeleitet und die Lande mit seinem Namen erfüllend.

An der Spitze eines Kürassierregiments hatte der Oberst bald Gelegenheit, für seinen erwählten Herrn einzutreten.

Ein erster Erfolg, der von großer Wirkung für die Zukunft sein sollte, war für das tiefgesunkene Haus Habsburg, daß Ferdinand zum Kaiser gewählt wurde. Aber zur gleichen Zeit, als die Wahlhandlung in Frankfurt erfolgte, zogen die böhmischen Stände die Konsequenzen ihrer offensiven Verteidigung gegen den wachsenden Glaubenszwang, sie setzten Ferdinand ab und wählten sich einen anderen König, Friedrich V. von der Pfalz. Ihre Wahl konnte nicht unglücklicher ausfallen. Dem jugendlichen Fürsten (Abb. 26 u. 28) fehlten all die Eigenschaften, die ein Usurpator braucht, um bestehen zu können. Er war ein elegantes Herrchen, anmutig, bezaubernd, aber unselbständig, unfähig zu regieren, ohne Thatkraft, weibisch. Die Böhmen hofften, daß die gesamte Union ihren Führer unterstützen, daß der Vater seiner Gemahlin Elisabeth, (Abb. 25) König Jakob I. von England, der Sohn der Maria Stuart, es an seiner Hilfe nicht fehlen lassen werde. Aber die Fürsten der Union sahen mit Unbehagen, wie die Böhmen mit ihrem Könige umsprangen. Sie hielten sich neutral, und Jakob war selbst zu sehr absolutistisch gesinnt, als daß er sich leicht zur Begünstigung einer ständischen Erhebung entschlossen hätte.

Dagegen erlangte der Kaiser nicht nur die Hilfe Spaniens, das von den Niederlanden her den Marchese Spinola gegen die Pfalz schickte, sondern erreichte auch, daß das Haupt der katholischen Liga, Maximilian von Bayern, gegen das Versprechen der Übertragung der pfälzischen Kurwürde auf ihn seine Truppen gegen die Abtrünnigen schickte; ja Ferdinand fand einen Verräter an der protestantischen Sache, den Kurfürsten Johann Georg von Sachsen, der seine Waffen in den Dienst des ultramontanen Reaktionärs stellte und später dafür durch die Lausitzen belohnt wurde. Friedrich von Böhmen schloßen sich die österreichischen Lande, die Lausitzen und Mähren an, der Generalfeldoberst der schlesischen Fürsten

Abb. 17. Innerer Hof des ehemaligen Universitätsgebäudes, jetzigen Seminars, in Altdorf.

und Stände, Markgraf Johann Georg von Brandenburg-Jägerndorf, trat für ihn auf, der mächtige Fürst von Siebenbürgen und bald auch von Ungarn, Bethlen Gabor (Abb. 30), ein tüchtiger Soldat und strammer Calvinist, ging ein Bündnis mit ihm ein. Um Wien gegen die vereinigten Böhmen und Ungarn zu schützen, eilte Boucquoi mit Wallenstein, dessen wallonisches Reiterregiment im Juni 1619 in der Schlacht bei Zablat und Netolitz gegen Mansfeld die Entscheidung herbeigeführt hatte, aus Böhmen nach Österreich. In dem Städtchen Horn, wo die österreichischen Stände sich zu versammeln pflegten, drohte Wallenstein den protestantischen Ständen, denen auch die Mehrzahl seiner Verwandten angehörte, durch die Einziehung seiner mährischen Güter erbittert, man werde sich blutig zu rächen wissen und die Gegner nach der spanischen Pfeife tanzen lehren.

Eine katholische Gegenbewegung in Ungarn nötigte Bethlen Gabor zum Rückzuge von Wien, Maximilian von Bayern drang mit Truppen der Liga in Österreich ein, das böhmische Heer war schlecht organisiert, mangelhaft verpflegt, der alte hussitische Geist war erstorben, das Kommando in mehreren Händen, die Katastrophe brach nur zu rasch herein. In der Schlacht am Weißen Berge bei Prag wurden Christian von Anhalt und Thurn in kaum zwei Stunden von Verdugo und Tilly völlig geschlagen, Friedrich V. eilte von den Freuden der Tafel in hastiger Flucht nach Breslau, der Wahlspruch seines Freundes Christian von Anhalt, Perenno sub Polo nihil (Abb. 29) hatte an ihm seine Wahrheit erwiesen. Als Winterkönig wurde er die Zielscheibe von Witz und Hohn, man verkündete: er werde mit vier Obersten wiederkehren, mit Herrn Michael Kalte Luft, Sigmund von Nebelburg, Andreas von Reisenfeld und Thomas von Schneberich; das altbeliebte Lebens- und Glücksrad, das über ein Jahrhundert früher auch Albrecht Dürer einmal gezeichnet hatte, wurde spottender Weise auf sein Geschick angewandt (Abb. 31).

Oberst Wallenstein war im Sommer 1620 lebensgefährlich erkrankt — er selbst gibt das Trinken

Abb. 18. Johannes Kepler. Nach einem Stich von Th. Sans.

als Ursache seines Leidens an — und in der Entscheidungsschlacht des Novembers nicht zugegen. Vielmehr hatte er den Auftrag, die Städte des nördlichen Böhmens dem Kaiser zu sichern, und führte ihn so energisch aus, daß man urteilte, der Herr von Waldstein sei so scharf und ernst, was er sich vornehme, das müsse seinen Fortgang erreichen, und er ließe nicht nach.

Im nächsten Jahre wurde Wallenstein zum erstenmale selbständig im Felde gegen Bethlen und den Jägerndorfer verwandt, es fanden zahlreiche kleine Gefechte statt, in denen er sich mannhaft zu halten wußte und sogar einige Fahnen eroberte.

Abb. 19. Astrologisches Amulett, welches Wallenstein auf der Brust trug.
Nach dem Original im K. K. Kunsthistorischen Hofmuseum zu Wien.

Da die unterdessen gepflogenen Verhandlungen zum Frieden von Nikolsburg führten, kehrte er zurück und wurde vom Kaiser zum Christen von Prag ernannt, das heißt zum Kommandierenden in Böhmen.

Dort wütete die Rache Ferdinands gegen die Empörer. Nicht nur die erklärten Führer des Aufstandes, vielmehr jeder, der in den letzten Jahren ein Amt bekleidet hatte, wurde als Rebell betrachtet, Tausende von angesehenen Familien zur Auswanderung getrieben, an 500 Herrschaften, die drei Viertel des Königreichs ausmachten, eingezogen, 27 der ständischen Führer hingerichtet, die Jesuiten zurückgerufen, die evangelischen Prediger vertrieben, der Rest der Bewohner von Soldaten, den „Seligmachern", zum Besuch der Messe gezwungen. Mit einem Teile der konfiszierten Güter belohnte Ferdinand seine Getreuen fürstlich, die übrigen wurden zu Schleuderpreisen verkauft. Häufig wurden die Güter weit unter ihrem Wert taxiert und begünstigten Personen um einen noch geringeren Preis überlassen. So erhielt Wallenstein, der am meisten Güter kaufte, mehrere Herrschaften, welche auf 970 963 Thaler geschätzt wurden, für 686 465 Thaler. Damals legte er den Grund für seine reichen Besitzungen. Seine wichtigste Herrschaft wurde der Besitz Christophs von Redern, der 1620 nach Polen geflohen war, Friedland und Reichenberg, für 150 000 Gulden vom Kaiser erkauft. Noch 1625 setzte Wallenstein einen Preis von 5000 Thalern auf den Kopf seines Vorbesitzers! Sein Gebiet von über sechs Quadratmeilen erstreckte sich schließlich über den größten Teil des nordöstlichen Böhmens, Friedland und Gitschin waren seine Residenzen. Im ganzen kaufte er für 4 604 683 Gulden Landbesitz, verkaufte jedoch wieder für 2 740 745 Gulden, so daß er für die Güter, die er behielt, 1 863 938 Gulden zu entrichten hatte, wovon er nur 310 279 Gulden schuldig blieb. Allerdings brachte er bei der Bezahlung Ausgaben für seine Regimenter und dem Kaiser gewährte Darlehen in Rechnung.

Eine andere Quelle der Bereicherung war für ihn die Münzverschlechterung, die schon unter dem Winterkönig begonnen, jetzt einen ganz erschrecklichen Umfang annahm. Gewöhnlich waren aus einer Mark Silber etwa neunzehn Gulden geprägt worden. Als im Jahre 1622 die Regierung große Summen brauchte, um den abgedankten Soldaten den rückständigen Sold zu bezahlen, verpachtete sie einer Gesellschaft die alleinige Münzprägung in Böhmen, Mähren und Österreich für sechs Millionen Gulden. Dafür bekam das Konsortium das Recht, aus einer Mark Silber 79 Gulden zu prägen. Der Gewinn war also groß, aber die Teilnehmer, ein Prager Handelsmann de Witte, ein Jude Bassevi, Liechtenstein, Wallenstein und andere, überschritten ihre Befugnisse und prägten noch viel schlechteres Geld. Wenn Wallenstein aus einer Mark über 123 Gulden bekam, so war er allerdings noch nicht der größte Betrüger, andere erhielten 247, ja 440 Gulden. Die Folgen dieser Münzpolitik waren tief einschneidend, bald wurde der Unwillen gegen das Kipper- und Wipperunwesen allgemein; die publicistische Litteratur jener Zeit ist voll der schärfsten Anklagen (Abb. 37).

Der Kaiser war wieder Herr in seinen Erblanden, der Sturm schien ausgetobt zu haben. Aber die Erklärung Friedrichs in die Acht, die ohne Befragung der Kurfürsten erfolgte, ließ erkennen, daß er sich nicht mit der Wiedergewinnung Böhmens begnügen, sondern den Gegner nun in seinem angestammten Besitz treffen wollte. Hatte er doch schon dem Herzoge von Bayern die Kurwürde versprochen. So kam es zu einem neuen Kriege, diesmal im Westen Deutschlands, um die Pfalz. Der Winterkönig war von Schlesien über Berlin nach dem Haag geflohen, der Union mangelte die Opferwilligkeit, sie löste sich auf, die Pfalz war den Feinden schutzlos preisgegeben. Da traten diese Abenteurer in die Bewegung ein. Ernst von Mansfeld zog in die Unterpfalz, um sie von den Spaniern zu säubern, hauste mit seinen Truppen aber nicht weniger schlimm als diese, nur heißes Eisen und Mühlsteine verbot er mitzunehmen! Der Markgraf Georg Friedrich von Baden (Abb. 38) erhob als einziges Mitglied der Union die Waffen für den Pfälzer. Um als regierender Herr seine Lande nicht zu schädigen, verzichtete er zu Gunsten seines Sohnes. Ein dritter Parteigänger kam von Norden her, ein zweiundzwanzigjähriger Jüngling, leidenschaftlich, tapfer und wüst, Herzog Christian von Braunschweig, Administrator des Bistums Halberstadt (Abb. 39). Er mochte wohl angesichts der böhmischen Restauration für sein evangelisches Bistum fürchten, aber ihn trieb auch die Liebe zur Böhmenkönigin, seiner Cousine, ihr einen Reiterdienst zu thun. In schwärmerischer Verehrung und zornglühender Begeisterung für seine Herzenskönigin soll er ihren Handschuh ergriffen und auf seinen Helm gesteckt haben mit dem Gelübde, ihn erst in Prag ihr wieder einzuhändigen. Tilly

Abb. 20. Unterschrift eines Reverses von Wallenstein (Waldstein) als Oberst über ein Regiment von 1000 Kürassieren, 21. März 1619.
Nach dem Original im K. K. Kriegsarchiv zu Wien.

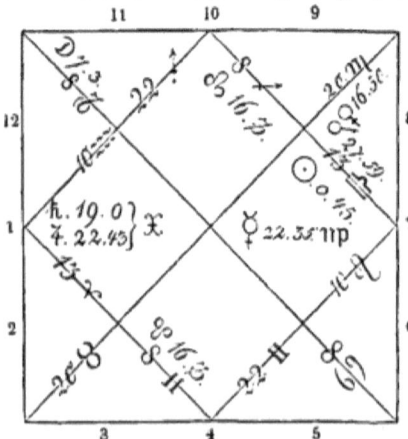

Abb. 21. Darstellung des Standes der Planeten bei Wallensteins Geburt aus Keplers Horoskop.
Nach Helbig: „Kaiser Ferdinand und der Herzog von Friedland".

hatte bei Wiesloch eine schwere Niederlage erlitten, vereinigte sich aber mit den Spaniern unter Cordova und schlug den Markgrafen von Baden, von dem sich Mansfeld getrennt hatte, bei Wimpfen, dann rückte er dem tollen Christian, der von Paderborn heranzog, entgegen und besiegte ihn in der mörderischen Schlacht bei Höchst. Bald war die ganze Pfalz erobert, Heidelberg wurde im Sturm genommen, verlangte, daß der Halberstädter spätestens Anfang Juli 1623 mit einigen tausend Mann deutschen Volkes zur Unterstützung seiner leichten Truppen in Schlesien und Mähren einfallen und sich mit ihm vereinigen sollte. Gegen diesen Zug Christians erhoben sich aber Schwierigkeiten, er wurde genötigt, sich gegen Tilly zu wenden, und von seinem Gegner bei Stadtlohn im Münster-

Abb. 22. Reitergefecht im XVII. Jahrhundert. Gemälde von Ph. Wouwermann in der Königl. Galerie zu Dresden.
(Nach einer Photographie von J. & C. Brockmann's Nachf. R. Tamme in Dresden.)

nommen, seine herrliche Bibliothek von Maximilian von Bayern dem Papste zum Geschenk gemacht, die Calvinisten wurden vertrieben, das Land systematisch verwüstet. Mansfeld und Christian zogen nach Holland, letzterer dann nach Niedersachsen.

Im Osten wurde die Ruhe des Todes, die seit Ferdinands blutiger Rache herrschte, durch Regungen neuen kriegerischen Lebens abgelöst. Bethlen Gabor versicherte sich, von Graf Thurn und dem Jägerndorfer gedrängt, des Beistandes der Türken und schen entscheidend geschlagen. Aber trotzdem verfolgte Bethlen seine Pläne.

In Wien sah man wohl, wie sich das Wetter zusammenzog, und doch war man von einer unbegreiflichen Sorglosigkeit, die Wallenstein noch nach Jahren schwer tadelte. Im September 1622 hatte ihn der Kaiser zum Pfalzgrafen ernannt, ihm dadurch nach altem Recht die Befugnis gegeben, in den Adelsstand zu erheben, öffentliche Notare zu ernennen u. a. mehr. Jetzt war er im Begriff, sich mit der durch Geist und persönliche Anmut ausgezeichneten Isabella Katharina Harrach zu vermählen, einer Tochter des Freiherrn Karl von Harrach, eines der vornehmsten Ratgeber und Geheimräte Kaiser Ferdinands. Aller Augen waren auf ihn als den gegebenen Oberkommandierenden im neuen Feldzuge gerichtet, aber spanischer Einfluß wirkte ihm entgegen. Philipp IV. überließ seinem Vetter den General Hieronymus Caraffa, Marchese von Montenegro, als Oberbefehlshaber. Zum Ersatz für seine Übergehung bei der Besetzung der höchsten Stelle erwirkten Wallensteins Freunde, daß Ferdinand ihn am 7. September 1623 zum Fürsten in seinem und dem heiligen römischen Reich mit der Anrede „lieber Oheim" erhob.

Bethlen Gabor nötigte das kaiserliche Heer, sich auf das rechte Ufer der March zu beschränken und in Göding ein festes Lager zu beziehen, um dort Verstärkungen abzuwarten. Bald war das Heer eingeschlossen, die Verproviantierung wurde von Tag zu Tag schwieriger, für die Pferde gab es bald gar nichts mehr. Als durch den Oberst Tiefenbach die Nachricht von einer polnischen Hilfe kam, die König Sigismund, ein katholischer Wasa, schickte, beschloß man trotz der drohenden Hungersnot auszuharren, die Rationen wurden auf das kleinste Maß beschränkt. Nur den größten Anstrengungen besonders Wallensteins gelang es, das kaiserliche Heer, dessen Disciplin durch die Not stark gelockert wurde, zusammenzuhalten. Wenn auch in untergeordneter Stellung, machte der Fürst doch dem Kaiser durch seinen Schwiegervater wichtige und praktische Vorschläge zum Entsatz und der Verproviantierung der Eingeschlossenen, sowie zur Sicherung Böhmens.

Er hatte aber Grund, sich über unerhörte Saumseligkeit in Wien zu beklagen, und riet daher, um Zeit zu gewinnen, zu einem Waffenstillstand mit Bethlen. Wenn dieser auch geäußert hatte, er gedächte die Martinsgans in Prag zu verzehren, so war er doch nicht abgeneigt, denn die Türken in seinem Heere pflegten gewöhnlich gegen Ende Oktober nach Hause zu marschieren, und er konnte nicht wissen, ob er nicht isoliert werden würde. So wurden die Eingeschlossenen gerettet.

Wallenstein hatte sich durch so vortreffliche Ratschläge und solche Energie ausgezeichnet, daß die hervorragendsten Räte des Kaisers, Harrach, Hans Ulrich von Eggenberg u. a., nicht mehr in Verlegenheit waren, wen sie bei neuer Kriegsgefahr als Führer des kaiserlichen Heeres vorzuschlagen hätten.

Wir besitzen von einem Zeitgenossen, dem Italiener Gualdo Priorato, eine lebendige Schilderung seines Wesens. Wallenstein war von hoher Gestalt, hatte starke, hagere Gliedmaßen und in der Jugend einen straffen Körper. Sein Gesicht war mehr oval als rund, gelblich, nicht fleischig. Seine Stirn war hoch und gebieterisch, seine Nase stumpf, doch gebogen. Er trug sein schwarzes, in späteren Jahren gebleichtes Haar vorn kurz geschnitten und aufgestrichen, zu beiden Seiten in einigen gekräuselten Locken herabhängend. Kinn und Lippen waren mit schmalem, herabhängendem Schnauz- und Knebelbart bedeckt. Seine schwarzen Augen waren nicht groß, aber voll Feuer und Leben und verbreiteten Schrecken und Ehrfurcht. Sein Blick war durchdringend, die dunklen Augenbrauen zogen sich zu drohendem Ernst zusammen; der Ausdruck seines Gesichts war frostig, zurückstoßend. Sein Benehmen verriet Härte, und selbst im Kreise der Befreundeten legte er nicht alle Rauheit ab. In jäher Wut konnte er losbrechen und dann Äußerungen thun, die seine geheimsten Gedanken ahnen ließen. Sein Gang war langsam wegen des Podagras, das ihn seit dem Jahre 1620 heimsuchte.

Mit seiner zweiten Gemahlin lebte er in glücklicher Ehe, stets voll Aufmerksamkeit und Rücksicht für sie, die sie mit schwärmerischer Verehrung vergalt. Es sind nur wenige Briefe Isabellas an ihren Gatten erhalten, aber sie sind ein rührendes Denkmal weiblicher Hingebung und Treue. Zärtliche Sehnsucht nach dem „herzallerliebsten Herrn" führt ihr die Feder, mit höchsten Freuden empfängt sie seine „lieben Briefe" — leider ist kein Schreiben Wallensteins an seine Gattin auf uns gekommen — immer wieder versichert sie, daß sie ihm in Leben und Tod treu bleiben werde; als er krank ist, möchte sie, wenn auch nur auf einige Stunden, bei ihm sein und bei seinem Bette auf der Erde sitzen, „nichts Höheres in der Welt verlangt sie, als ihn zu sehen und anwesend in seiner Lieb und Gedächtnis zu bleiben". Im Juni 1625

SERENISSIMVS, POTENTISSIMVS, ET INVICTISSIMVS PRINCEPS AC DOMINVS,
DN. FERDINANDVS II. ROMANORVM IMPERATOR SEMPER AVGVSTVS, GERMANIÆ,
HVNGARIÆ, BOHEMIÆ REX, ѹ. ARCHIDVX AVSTRIÆ, DVX BVRGVNDIÆ ѹ.

Abb. 23. Ferdinand II. im Krönungsornat.
Nach einem Kupferstich von Wolfgang Kilian.

schenkte sie ihm eine Tochter, Marie Elisa=
beth — nicht Thekla —, später einem
Grafen Kaunitz vermählt.

Der Krieg war dem unbedeutenden
Edelmann trefflich zustatten gekommen. Aus
dem einfachen Herrn von Waldstein war

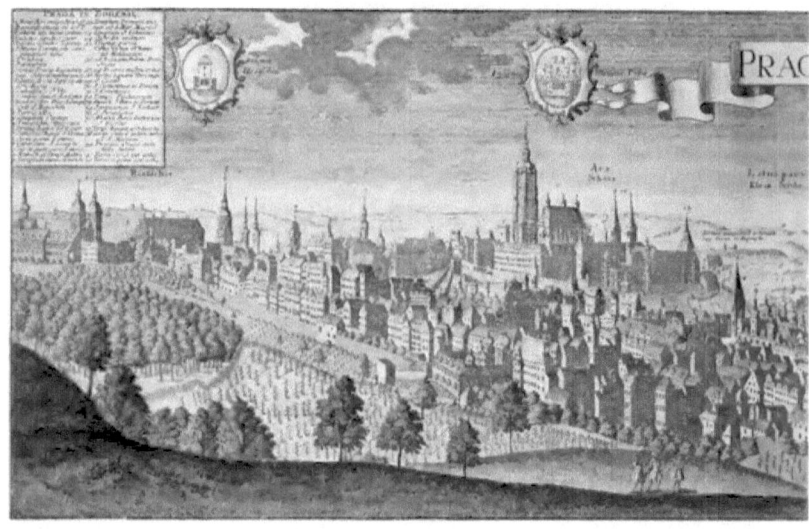

Abb. 21. Ansicht von Prag.

der Fürst von Friedland geworden; der mährische Besitz war zwar nicht mehr in seinen Händen, nur den Sarg seiner ersten Gemahlin nahm er pietätvoll in die neue Heimat hinüber, aber in Böhmen besaß er ein Fürstentum, das allen anderen Herrschaften als Muster einer guten Verwaltung dienen konnte. Der Titularoberst war eine Macht geworden, die Berücksichtigung erwarten durfte und verlangte.

Es ist nicht zu verwundern, daß sich bald Mißgunst und Neid einstellten. Besonders fand sein religiöses Verhalten nicht die Billigung der eifrigen Katholiken. Die harten kaiserlichen Verordnungen, die unnachsichtliches Einschreiten gegen die Protestanten vorschrieben, befolgte er, wenn er auch durchaus nicht etwa milde vorging, nicht im strengsten Sinne. Vielmehr führte er sogar Protestanten in seine Besitzungen ein, geschickte Handwerker, von denen er sich Nutzen versprach. Die Jesuiten beklagten sich, Fürst Liechtenstein richtete als Statthalter von Böhmen wiederholt strenge Mahnungen an ihn, aber Wallenstein konnte aus höheren Gesichtspunkten die wütende Verfolgung der Protestanten nicht billigen. Er schrieb einmal an Karl von Harrach: „Bitt auch, man höre auf in Böhmen so erschrecklich wegen der Lutherischen zu procediren, möchte auch bei weniglich den Credit verlieren, das sein jesuitische Inventionen, wanns übelzugeht, Jesuiter finden ein andres Collegium, der Kaiser aber kein anderes Land." Die Rücksicht auf den Kaiser war der Grundgedanke seines Handelns, seine Macht sollte gesichert, befestigt und vermehrt werden. —

Die rechtswidrige Ächtung des Pfalzgrafen und nun gar die Übertragung seiner Kurwürde auf Bayern hatte ganz Europa in Aufruhr versetzt. Das war eine Revolution von oben her, die Grundlagen des Rechtszustandes waren angegriffen zu Gunsten eines kaiserlichen Absolutismus, der nicht nur den deutschen Fürsten gefahrdrohend schien. Den nächsten Anlaß, einzuschreiten, hatte der Schwiegervater des Geächteten, Jakob I. von England. Er wandte sich Frankreich zu, das bald unter der sicheren Steuerführung des größten Staatsmannes seiner Zeit, Richelieu, in das gewohnte Fahrwasser der Gegnerschaft gegen Habsburg hineinsegelte, unterstützte den Mansfelder

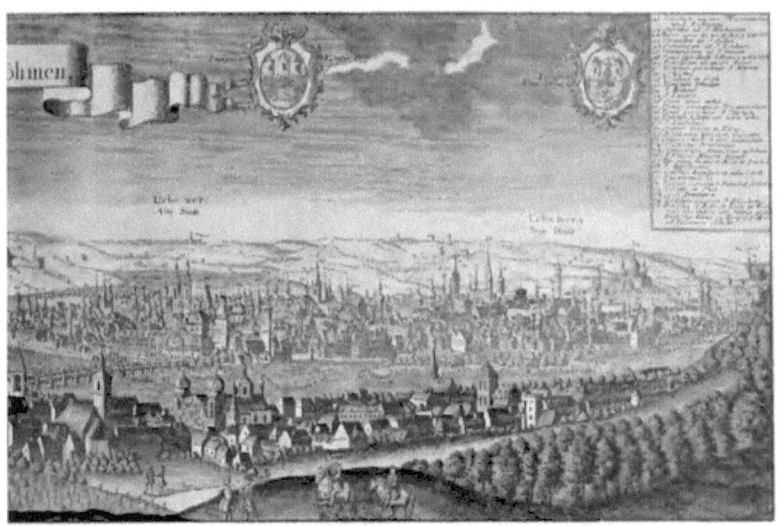

Kupferstich von Jerm. Wolfly.

und den Braunschweiger mit Geld, suchte und fand den Anschluß der Niederlande. Dazu war im Norden Europas eine neue Macht emporgewachsen, die aller Augen auf sich lenkte. Der junge, feurige Schwedenkönig Gustaf Adolf aus dem Hause Wasa hatte sich in seinem Reich eine starke Herrschaft gegründet und lag in einem heftigen Kampfe mit dem Könige von Polen, der ihm die Krone streitig machte. Dieser war aber mit den deutschen Habsburgern eng verbunden und erfreute sich ihrer Unterstützung, so daß Gustaf Adolf schon frühzeitig die protestantisch-ständische Erhebung in den österreichischen Erblanden mit Aufmerksamkeit verfolgte. Auch durch verwandtschaftliche Beziehungen dem Pfälzer nahe stehend, plante er einen Kampf im großen Stile gegen Habsburg, dessen Leitung ihm zustehen sollte, er beabsichtigte, selbst in Schlesien einzufallen, und schloß, um freie Hand zu haben, einen Waffenstillstand mit Polen. Den westlichen Mächten waren seine Pläne aber zu weitausfehend und kostspielig, auch lag in ihrem Interesse mehr ein Kampf mit Spanien. Sie fanden einen anderen Führer für den Krieg in Deutschland in dem tapferen und energischen Nebenbuhler des Schwedenkönigs um die Herrschaft der Ostsee, König Christian IV. von Dänemark, einem Oheim der Böhmenkönigin Elisabeth, der besonders nach dem Besitze einiger norddeutschen Stifter verlangte. So zog sich denn Gustaf Adolf zurück, erneuerte den Krieg mit Polen und wartete, bis seine Zeit gekommen wäre.

Den drei protestantischen Mächten England, Holland und Dänemark traten drei katholische zur Seite. Daß die Spanier sich von Mailand her im Veltlin festgesetzt hatten, veranlaßte Venedig, Savoyen und Frankreich zu einem Bunde, so daß das ganze christliche Europa gegen die Habsburger in Waffen stand.

Tilly war nach der Niederwerfung Christians von Braunschweig in Niederdeutschland geblieben und hatte dort eine schrankenlose Militärherrschaft ins Werk gesetzt. Er, der alte, kleine spanische Wallone, der Schüler und Anhänger der Jesuiten, hatte die Jungfrau Maria zu seiner Herzenskönigin erhoben, ihr diente er in mönchischer Strenge und klösterlichen Übungen, auf seinen Fahnen prangte ihr Bildnis,

Abb. 25. Elisabeth Stuart, Gemahlin Friedrichs V. von der Pfalz.
Nach einem Kupferstich von Gunst.

zielbewußt und thatkräftig kämpfte er für die Wiederherstellung des Katholicismus. Bald begann er Maßregeln zu ergreifen, welche den niederdeutschen Ständen seine Restaurationsbestrebungen enthüllten: es wurde deutlich, daß die Besiegung des Pfälzers und seiner Anhänger nicht das letzte Ziel Habsburgs und der Liga bildete, daß vielmehr die Ausrottung des Protestantismus und die Aufrichtung einer unbeschränkten kaiserlichen Macht erstrebt wurden. Der Kaiser beabsichtigte, in Niederdeutschland dadurch festen Fuß zu fassen, daß er seinem eigenen Sohne Leopold Wilhelm das Bistum Halberstadt verschaffte. Dem gegenüber begann der niedersächsische Kreis zu rüsten. Zum Führer, zum Kreisobersten wurde der hervorragendste Fürst des Kreises, der Herzog von Holstein, gewählt, als Christian IV. König von Dänemark (Abb. 42). Durch diese Wahl wurde Niederdeutschland der Schauplatz des neuen Weltkrieges.

Da Tillys Heer allein nicht ausreichend war, der Liga den Sieg zu sichern, vielmehr eine Entfaltung außerordentlicher Machtmittel nötig schien, wandte sich Maximilian von Bayern an den Kaiser mit der Bitte um Unterstützung. Doch Ferdinands Streitkräfte waren äußerst gering, die ewige Geldnot des Kaisers, der wegen der liederlichen Finanzwirtschaft von den Konfiskationen wenig Nutzen hatte, machte sich wieder aufs unangenehmste fühlbar, er war nicht imstande, aus Staatsmitteln ein Heer aufzustellen, mußte vielmehr einen Unternehmer suchen, der ihm aus der Not half. Es gab nur einen, und das war Wallenstein. Schon seit längerer Zeit hatte sich dieser erboten, die kaiserlichen Streitkräfte zu mehren; sobald die politische Lage irgendwo, etwa in Ungarn oder an der

Abb. 26. Friedrich V. von der Pfalz, König von Böhmen (der „Winterkönig").
Nach einem Kupferstich von Carst.

venezianischen Grenze, bedrohlich erschien, beeilte er sich, dem Kaiser seine Dienste für eine Werbung anzubieten. Am 7. April 1625 endlich unterzeichnete Ferdinand die Ernennung seines Kriegsrats, Kämmerers, Obrist-Feldwachtmeisters und Obersten zu Prag, Albrecht Wenzel Eusebius Fürst zu Friedland und Regierer des Hauses „Wallenstain" zum „Capo" über alles kaiserliche Volk, so dieser Zeit im Heiligen Römischen Reich und in den Niederlanden vorhanden wäre oder noch dahin geschickt würde. Es wurde beschlossen, die alten sechs Regimenter auf je 3000 Mann zu ergänzen, die vorhandenen 24 Reitercompagnien zu vervollständigen und durch ihn 15 000 Mann zu Fuß und 6000 zu Roß neu anzuwerben. Die Erzählung, daß Wallenstein auf die Frage, ob er sich 20 000 Mann zu werben und im Felde zu erhalten getraue, geantwortet habe, nicht 20 000, wohl aber 50 000 Mann, beruht auf Erfindung. Die Werbungen begannen ungesäumt, am 13. Juni 1625 wurde der Fürst wegen seiner Verdienste bei der Aufstellung des Heeres zum Herzog von Friedland erhoben. Ende Juni wurde seine Instruktion ausgefertigt, einen Monat später ihm der Titel General des in das Reich geschickten Succurses beigelegt. Kurze Zeit darauf wurden die in Italien und im Oberelsaß stehenden Truppen ihm gleichfalls unterstellt, sein Gehalt wurde auf monatlich 2000 Gulden, einige Jahre später auf 6000 Gulden festgesetzt.

Die Instruktion trägt ihm auf, unter dem Kriegsvolk starke Disciplin aufrecht zu erhalten, das unchristliche Brennen, Sengen und Rauben durch exemplarische Bestrafung abzustellen, damit der Zorn Gottes von der Armada abgewendet werde. Das Heer, dessen Stärke hier auf 24 000

Abb. 27. Marchese Spinola. Gemälde von Peter Paul Rubens in der Herzogl. Galerie zu Braunschweig.
(Nach einer Photographie der Photographischen Gesellschaft in Berlin.)

Mann bestimmt wird, solle er gegen die widrigen Waffen des Mansfelders führen, die Freunde und Zweifelhaften aber nicht durch unzeitige Strenge und Schärfe zur Gegenpartei treiben. Um den Gegnern den Vorwand der Religionsbedrückung zu benehmen, solle er allen denjenigen, die sich dem Kaiser anschlössen, im Namen des Kaisers ungeschmälerten Gebrauch der Augsburger Konfession versprechen. Wie groß mußte die Besorgnis Ferdinands geworden sein, daß er sich zu dieser Zusage verstand, oder ist hierbei der Einfluß des politisch weit überlegenen neuen Generals zu verspüren? Eroberte Geschütze und Munition sollten dem Kaiser zufallen, die Hälfte der Beute aus einer Schlacht oder einer eroberten Stadt solle zu Gelde gemacht und daraus der Sold gezahlt, die andere Hälfte dem siegreichen Heere überlassen werden. Ohne besonderen kaiserlichen Befehl dürfe er keine Stadt noch Landschaft brandschatzen oder Geld von ihr erpressen, vielmehr solle er erst dem Kaiser über ihre „Widerwärtigkeit", die Bestrafung verdiene, Bericht erstatten und seine Entscheidung abwarten. Doch sei es ihm erlaubt, „in den eroberten Örtern und Landschaften zur Erhaltung der Soldateska leidliche Kontributionen zu erheben", die genau verzeichnet und den Truppen an ihrem Solde abgezogen werden sollen, damit die Kriegskosten leichter zu ertragen wären. Mit den befreundeten Fürsten und Feldherren solle er fleißige Korrespondenz führen, sich bei Tilly im Falle der Vereinigung des ligistischen und kaiserlichen Kriegsvolks guten Rates gebrauchen und sich demselben in allem, was er gemeinnützlich befinden würde, accomodieren, aber unabbrüchlich der kaiserlichen Präeminenz und Respekts, auch Nutzen und Frommen. Als Obrister Muster-, Zahl- und Quartierungskommissarius wurde ihm der Hoftriegsrat Johann Aldringen beigegeben, ein Wallone, der von der Pike auf unter den Spaniern in Italien gedient hatte und seit dem böhmischen Aufstande dem kaiserlichen Heere angehörte.

Im Juni begannen die Werbungen, für die u. a. folgende Obersten Patente erhielten: Nicolaus des Fours, Rudolf Coloredo, Aldringen, Franz Albrecht von Sachsen-Lauenburg, Georg Pechmann, Johann Merode und Johann Ludwig Isolano. Der Wiener Hof gab keinen Pfennig dazu, das Heer wurde auf Kosten Wallensteins und seiner Obersten aufgestellt, den größten Teil davon hat der Herzog auf sich genommen. In organischer Verbindung mit dem Staate, dem sie dienten, standen diese Truppen nicht. Es steckte noch ein gut Stück Landsknechtstum in ihnen, der Krieg war ihnen ein Handwerk wie jedes andere, das ihnen aber mehr Gewinn bringen sollte. Nicht die Besten waren es, die der Werbetrommel folgten: Gesindel, Leute, denen das enge bürgerliche Leben zu viele Schranken bot, altgediente „Kriegsgurgeln", andere von der Verzweiflung über den Ver-

Abb. 28. Friedrich V. von der Pfalz und seine Gemahlin Elisabeth zu Pferde.
Nach dem Gemälde von Adriaen van de Venne im Reichsmuseum zu Amsterdam.

1 6 A 2 0
Perenne sub Polo Nihil.

Abb. 29. Stammbucheintrag Christians von Anhalt, geschrieben auf der Flucht nach der Schlacht am Weißen Berge. Nach dem Original in der Stadtbibliothek zu Breslau.

lust ihrer Habe durch den Krieg getrieben, waren der Kern des Heeres. Mancher junge Adlige diente als Gemeiner, nur auf Grund seines Adels mit doppeltem Sold, jedem standen die höchsten militärischen Stellen offen. Dabei war es diesen Knechten gleichgültig, auf wessen Seite sie standen. Wo der größte Gewinn lockte, da zogen sie hin. Die treibenden Momente des Krieges, Bekämpfung der Libertät der Fürsten und des Protestantismus, berührten sie nicht, sie sangen:

> Wir han gar kleine Sorgen
> Wol um das römisch Reich,
> Es sterb heut oder morgen,
> So gilt uns alles gleich.

oder:

> Gewissen hin, Gewissen her,
> Ich acht vielmehr die zeitlich Ehr,
> Dien' nicht um Glauben, dien' um Geld,
> Gott geb, wie es geh in jener Welt.

Hatten die Soldaten auf dem Laufplatze das Handgeld empfangen, so zogen sie zum Musterplatz, wo die Regimenter zusammengesetzt wurden. Schwergepanzerte Küraffiere und Arkebusiere, nach den ursprünglichen Kerntruppen auch Kroaten genannt, mit der Arkebuse, zum Teil auch mit Lanze oder Spieß bewaffnet, bildeten die Reiterei, — die leichte Kavallerie war ein besonders hervorragender Teil der wallensteinschen Heere — die Infanterie zerfiel in die Pikeniere und in die leichter bewaffneten Musketiere; beritten gemachte Infanterie, die vor dem Kampfe ab-

saß und zu Fuß kämpfte, waren die Dragoner. Gleichartigkeit der Waffen und der Tracht kannte man nicht, jeder trug, was er besaß oder beutete, bald zerrissene Kleider, die mehr enthüllten als bedeckten, bald Prachtgewänder aus Sammet mit goldenen Tressen. Das Schwert war zum Degen geworden, einen Helm trugen nur noch die Küraffiere, die übrigen Sturmhauben oder Schlapphüte mit einem Busch von Hahnenfedern, der dem Soldaten, der sich vergangen hatte, abgenommen wurde. Erst im Laufe des Krieges stellte sich das Bedürfnis nach Uniformierung heraus, zunächst erkannten sich die Parteigenossen an gleichfarbigen Bändern, die sie um den Arm schlangen, oder am grünen Busch am Hut.

Die taktische Einheit war das Fähnlein, die Compagnie, bei der Kavallerie meist Kornett genannt. Letzteres sollte 100, erstere 300 Mann stark sein, durchschnittlich waren aber nur etwa 70 und 130 Mann vorhanden. Den Offizieren lag nichts daran, Lücken auszufüllen, vielmehr ließen sie, da alles Geld für die volle Zahl erhoben wurde, das den „Blinden" zukommende in den eigenen Beutel fließen. Fünf bis zehn Compagnien bildeten zusammen ein Regiment, so daß also diese Regimenter weder an

Namenszug Bethlen Gabors.

Abb. 80. Bethlen Gabor. Nach einem anonymen Kupferstich in der K. K. Fideikomiß Bibliothek zu Wien.

Zahl der Leute, noch an Zahl der Unterabteilungen gleich waren.

Die Artillerie nahm eine gesonderte Stellung ein; Leute, die mit Geschützen umzugehen wußten, waren nicht so leicht zu finden wie gewöhnliche Soldaten, Geschütze waren nicht so leicht zu beschaffen wie eine Pike oder Arkebuse. Ausgelernte Leute aus der Zunft der Büchsenmeister waren schwer zu ersetzen, die Beweglichkeit der Geschütze im Felde war noch sehr gering, kein Wunder, daß die „Artallerey"

Abb. 31. Spottbild auf Friedrich von der Pfalz, den Winterkönig.
Kupferstich zu einem Gedicht von 1621: „Deß gewesten Pfalzgrafen Glück und Unglück."
(Das Bild ist leicht verständlich: der Hofprediger Scultetus und der Minister Camerarius drehen das Glücksrad Friedrichs, im Falle verliert er ein Hosenband (das Ausbleiben der englischen Hilfe); der Gestürzte wird von niederländischen Fischern ans Land gezogen (Zuflucht in Holland).

noch keine große Bedeutung erlangte. Hier setzte Wallensteins Thätigkeit ein: Hunderttausende von Gulden verwandte er auf die Hebung des Geschützwesens. Nach Gustaf Adolfs Vorbilde gab er den Infanterieregimentern je zwei leichte Geschütze bei. Er gilt noch heute als der Begründer der österreichischen Artillerie. Art und Namen der Geschütze waren sehr mannigfaltig, da gab es verschiedene Kartaunen, Schlangen, Falken und Haken. Einzelne Stücke bekamen ihre Benennung nach Planeten und Zeichen des Tierkreises, ein Raubvogelname verriet dem Eingeweihten, wievielpfündig das Geschoß war, das dieser Vogel entsandte.

Ein Offizierkorps im heutigen Sinne gab es nicht. Man verstand unter Offizieren vielfach diejenigen, die nicht Gemeine waren, also auch die Spielleute. Erst im Verlauf des Krieges, als das Soldatenmaterial immer schlechter wurde, hob sich die Bedeutung der Offizierstellen. Die Hauptleute erkannte man an der Partisane, die sich allmählich zum Sponton des vorigen Jahrhunderts gestaltete, die niederen Chargen trugen die Hellebarde. Fast selbständig verwaltete der Oberst das Regiment, dessen Eigentümer er in gewissem Sinne war, denn die Auslagen, die er bei seiner Werbung und Ausrüstung hatte — er mußte für Waffen, Munition und Kleidung sorgen, nur das Roß brachte der Reiter mit — machten ihn zum Gläubiger des Kriegsherrn und gaben ihm eine Bedeutung, die über die Kommandogewalt hinausging. Eine geregelte Abstufung der Chargen fehlte, Obersten thaten Generalsdienste, und Generäle waren zugleich Obersten der von ihnen geworbenen Regimenter. Die Beförderungen erfolgten nicht nach dem Recht der Anciennetät, sondern nach Verdienst oder — nach Willkür. Empfehlungen anderer, selbst die Patente des Kaisers, waren wirkungslos. Als sich einst ein Offizier mit einer kaiserlichen Ernennung zum Obersten bei ihm meldete, soll Wallenstein bei Tafel zu seinen Gästen gesagt haben: „Ich habe einen euch vielleicht unangenehmen Beschluß gefaßt — einer von euch muß sterben. Unser neuer Ankömmling hier will Oberst werden, also bequemt euch und sterbt, um ihm Platz zu machen." Diese Offiziere waren nicht minder roh als ihre Untergebenen. Manch einer war zuerst Stallknecht gewesen, und so mußte, als einst Offiziere zu Hofe geladen waren, ihnen eine Belehrung mitgeteilt werden, die allerhand Ungezogenheiten und Unreinlichkeiten bei Tische verbot.

Die Mittel zum Unterhalt des Heeres hatte der Kaiser, soweit sie nicht von Feind oder Freund erpreßt wurden, durch Kontributionen der Erbländer zu beschaffen. Zu dem Zwecke wurden außerhalb des Heeres stehende Kommissare ernannt, so

z. B. in Niederösterreich der Hofkriegsrat Questenberg.

Wie die Landsknechte des XVI. Jahrhunderts wurde auch die Soldatenzunft Wallensteins auf eigene Gesetze vereidigt, in denen ein Recht niedergelegt war, das vielfach den Satzungen der bürgerlichen Zünfte glich. Das „Wallensteinsche Reiterrecht" und der „Artikulsbrief, darauf die hochdeutschen Knechte zu Fuß geschworen," wurden vom Obristschultheiß gehandhabt, jedes Regiment hatte einen Schultheißen, der als rechtlicher Beistand fungierte, die Exekution lag in der Hand der Profossen. Soweit die Leute gedrillt wurden, war das Exercitium schwer und umständlich, bedurfte es doch, wie der fruchtbare Militärschriftsteller Johann Jakob von Wallhausen berichtet, zur Handhabung der Pike 21 und um die Muskete, die auf einen Gabelstock gelegt wurde, „zierlich und wirksam zu gebrauchen", gar 143 Tempi! Von gleicher Unbehilflichkeit war die Verwendung der Truppen zum Gefecht. Nach spanisch-ungarischer Kriegsweise wurde das Fußvolk in großen menschenerfüllten Quadraten aufgestellt, an deren vier Ecken ebenfalls quadratische Häuflein Reiterei angefügt wurden. Ein solcher Schlachtkörper, das Bataillon, glich einer wandelnden Festung, war schwerfällig, aber von großer Wucht beim Angriff. Gewöhnlich wurden vier solcher Bataillone gebildet und in drei Treffen, die zusammen wieder ein Viereck bildeten, aufgestellt. Wir finden nicht, daß Wallenstein sich ein Verdienst um die Änderung dieser Aufstellung erworben hätte. Er war der letzte Feldherr, der sie anwandte, und zugleich der, welcher ihr durch ein Heer, wie es die letzten Jahrhunderte nicht gesehen hatten, die größte und imponierendste Fülle gab. Unter ihm erreichte diese Taktik ihren Höhepunkt und ihr Ende. Seit Gustaf Adolf, der die Errungenschaften der niederländischen Strategie ausbaute, wurde die Aufstellung zur Schlacht weniger tief und beweglicher.

Dieses Heer, die „Soldatesca", bildete ein eigenes Volk im Volke, international zusammengewürfelt: kampflustige Gesellen

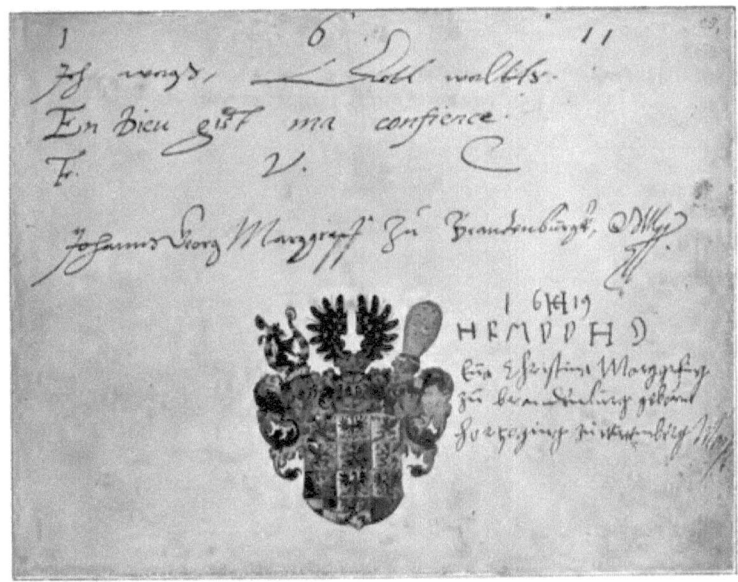

Abb. 32. Namenszug Johann Georgs, Markgrafen zu Brandenburg-Jägerndorf.
Nach einem Albumblatt in der Stadtbibliothek zu Breslau.

Abb. 33. Namenszug Christians von Braunschweig.

aller Stände aus Italien, den Niederlanden, Frankreich, Spanien, Schottland, Irland, Ungarn, Polen vereinigten sich mit deutschen Hansen. Was Wunder, daß in den Feldlagern bald eine Sprache entstand, die als Kauderwelsch schließlich zur Gaunersprache wurde. Wenn sie abends am Feuer saßen, mit den „Schelmbeinen" würfelten und Tabak „tranken", da überlegten sie wohl, wohin sie am nächsten Tage ziehen wollten, um zu „strafen oder pracken", d. h. zu rauben und zu plündern, und wo sie „einen deutschen Herrn oder einen Strohbutzen verhören", d. h. eine Ente oder Gans fangen könnten.

Da raunte man sich wohl auch von den geheimen Mitteln zu, um sich unverwundbar, schußfest oder gefroren zu machen. Diese Kunst, schon von Luther gekannt, feierte jetzt als Passauer Kunst ihre Triumphe, man erzählte Wunderdinge. Viele trugen Mansfeldische St. Georgsthaler mit frommer Inschrift als Amulett, andere aber standen im Verdacht, in geheimem Bunde mit dem Teufel ihre Freikugeln zu gießen und sich durch Fledermausköpfe, Nothemden und allerlei Zauber gegen Wunden zu schützen, — solche konnten nur durch eine Kugel aus ererbtem Silber, durch Holzkeulen oder durch — den Scharfrichter getötet werden. Wer aber beherzt und mutig war, verachtete diese Künste, es waren immer nur die Feigen, die sie anwandten. Ein solcher erhielt einst von einem Kameraden einen Zettel mit den Worten: „Wehr dich, Hundsfott!" und im festen Glauben an diesen Talisman focht er tapfer und mit Todesverachtung. Auch Wallenstein galt als fest und Gustaf Adolfs Degen als gefeit.

Für jedes Regiment war ein Kaplan als Seelsorger bestellt, dessen Wirksamkeit aber kaum tiefeindringend gewesen ist. Im Gegenteil scheinen diese geistlichen Hirten ihren Schäflein oft mit übelstem Beispiel vorangegangen zu sein, waren es doch meist verunglückte Existenzen. Für die zahlreichen Protestanten wurde in den kaiserlichen Regimentern ein Geistlicher natürlich nicht bestellt.

Die größte Plage der Landstriche, die das Heer durchzog, war der ungeheure Troß, der auch die militärische Verwendbarkeit der Truppen verringerte. Weiber und Kinder der Soldaten, Troßjungen, Diener, Fuhrknechte folgten dem Heere mit ungezählten Wagen, Pferden und Viehherden. Der Soldat hat auf Erden kein bleibend Quartier, also muß er Familie und Besitz mit sich führen. Im Jahre 1632 soll das Wallensteinsche Heer bei Nürnberg 15000 Weiber gezählt haben! Um sie in Ordnung zu halten, führte der Hurenweibel oder der Rumormeister den „Vergleicher", einen Stock von Armeslänge. Es ist begreiflich, daß diese Nachhut das, was die Soldaten selbst noch nicht mitgenommen oder zerstört hatten, einer vernichtenden Nachlese unterzog. Man beachte Grimmelshausens Simplicissimus, um einen tiefen Einblick in das Kriegsleben zu thun, oder die unvergleichliche Charakteristik in „Wallensteins Lager". Die Findigkeit im Aufspüren verborgener „Schätze" wuchs mit der Dauer des Krieges, und die Mittel, ein Geständnis zu erzwingen, wurden mit raffinierter Grausamkeit ausgeklügelt. Mit einer durchbohrten Ahle zog man ein Roßhaar durch die Zunge des Opfers und bewegte es, bis der Gequälte, um seiner Pein zu entgehen, alles gab, was er besaß. Oder man rieb die Fußsohlen eines Unglücklichen mit Salz und ließ sie von Ziegen lecken, bis der Ärmste vor Lachen starb. Was man nicht mitnehmen konnte, wurde zerstört. Dirnen kleideten sich in Kirchengewänder und prachtvolle Meßornate, die Kirchenglocken fielen gewöhnlich der Artillerie als Beute zu. Ausgeplünderte Leichen und rauchende Trümmerhaufen bezeichneten den Weg eines Heeres. Umschwärmt wurden die Truppen von den „Merodebrüdern", Schnapphähnen und Heckenreitern, die sich sogar zu organisierten Räuberbanden zusammenschlossen.

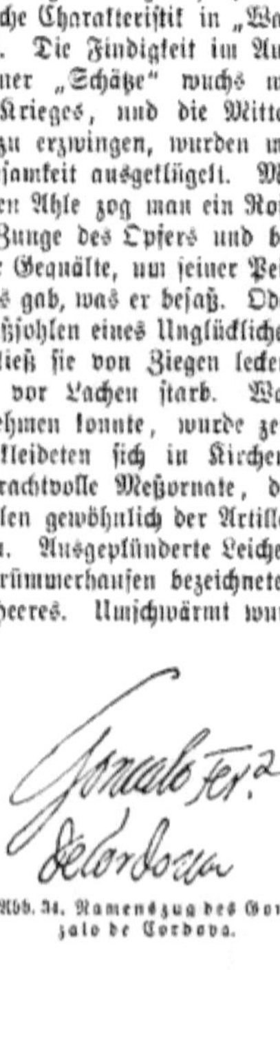

Abb. 34. Namenszug des Gonzalo de Cordova.

Ein solches Heer verbrauchte ganz ungeheure Summen. Der Kaiser, dessen Einkünfte kaum zur Deckung der Kosten von Hofstaat und Verwaltung hinreichten, konnte sie nicht beschaffen, ja er sah sich zuweilen genötigt, den General um Unterstützung aus den Kontributionen anzugehen. So erlieferten ihm Tausende von Kugeln, Hufeisen und Schanzwerkzeuge, aus der Friedländer Pulvermühle bezog er Pulver, auch Tuch und Leinwand zur Bekleidung vermochte er in seinen Gebieten zu beschaffen.

Die Offiziere bekamen ihren Sold in der Regel bar, und zwar im Jahre 1625

Abb. 35: Reiterbildnis Philipps IV. Gemälde von Velasquez im Pradomuseum zu Madrid.
(Nach einer Originalphotographie von Braun, Clément & Cie. in Dornach i. E., Paris und New York.)

wartete 1625 der Kammerpräsident Geld von Wallenstein „wie die Juden den Messias". Der Herzog scheint für die Werbungen während seines ersten Generalats weit über 600000 Gulden ausgegeben zu haben. Seine Besitzungen boten ihm mancherlei zur Verproviantierung und Ausrüstung der Truppen, er ließ Getreide die Elbe abwärts schiffen, seine Eisenwerke ein Reiter- und Infanterieoberst je 500 Gulden, ein Rittmeister und ein Hauptmann je 100 Gulden wöchentlich, ein Schultheiß 50, ein Kaplan 8, ein Leutnant 40—50, ein Feldscherer 6 Gulden. Später fielen die Besoldungen. Die Gemeinen bekamen ihre Löhnung selten in Geld, gewöhnlich in der Form der Verpflegung, die sie sonst selbst bestreiten mußten. Die tägliche

„Portion" betrug im Durchschnitt 2 Pfund Brot, 1½ Pfund Fleisch und 2 Maß Bier.

Am 31. Juli ritt Wallenstein in Eger ein, wo die Truppen gemustert wurden — sein erstes Hauptquartier sollte dereinst sein letztes werden — am 3. September zog er aus, Teutschland dem Kaiser zu unterwerfen, jede Selbständigkeit zu brechen, den Stolz und die Hausmacht der Fürsten, die Rechte der Stände, die Privilegien der Städte zu vernichten, daß auf ihren Trümmern das Haus Habsburg zu neuer Pracht erstehe.

Im Juli 1625 hatte Tilly auf Befehl des Kurfürsten-Herzogs von Bayern die Feindseligkeiten eröffnet, ohne die kaiserliche Verstärkung abzuwarten. Wallensteins Truppen zogen durch Franken, Thüringen und Hessen auf verschiedenen Wegen nach der Werra, schon jetzt bei Freund und Feind übel hausend. Das einzige Mittel, sie fernzuhalten, war die Zahlung hoher Summen; so kaufte sich Nürnberg durch 100 000 Gulden von der Einquartierung frei. Es war das erste Mal, daß der Kaiser ein nur von ihm abhängiges Heer in das Reich schickte, und es ist bezeichnend, daß es nicht nur zur Unterwerfung der Feinde, sondern auch zur Beschränkung der anspruchsvollen Liga und des Herzogs von Bayern dienen sollte. Der Hofkriegsratspräsident Rambold Collalto wurde eigens zu diesem Zwecke als Feldmarschall dem Friedländer unterstellt, daß er Tilly verhindern sollte, seinen Fuß in die Bistümer Halberstadt, Magdeburg und Bremen zu setzen und sie für seinen Herrn, etwa unter dem Vorwande des Kostenersatzes, in Besitz zu nehmen. Man ersah den gewandten Mantuaner Collalto dazu, weil man den Friedländer für zu hitzig hielt und zu viel Geräusch befürchtete. Über Eschwege und Göttingen heranrückend, vereinigte sich Wallenstein Mitte Oktober mit Tilly, aber nur für kurze Zeit. Sie verabredeten miteinander, daß die friedländischen Truppen den rechten Flügel bilden sollten. Unter dem böhmischen Grafen Heinrich Schlick, der nach der Niederlage auf dem Weißen Berge sein Heil im Schoße der katholischen Kirche gesucht und als eifriger Gegenreformator des Kaisers Gnade gefunden hatte, wurden 10 000 Mann abgesandt, um sich des Stiftes Halberstadt zu bemächtigen; die übrigen Truppen legte Wal-

Abb. 36. Markgraf Johann Georg von Jägerndorf.
Aus dem „Theatrum Europaeum".

Die Truppen im Quartier.   37

Abb. 37. „Epitaphium oder des guten Geldes Grabschrifft."
Spottblatt auf die Kipper und Wipper, gedruckt „Zu Augspurg, bey Martin Wörle, Brieffmaler in Stangäßlin."

lenstein in das reiche Stift Magdeburg, unter dem Vorgeben, dort im Osten des Kreises den Schutz der kaiserlichen Erblande besser in acht nehmen zu können, gegen die Bethlen Gabor sich wieder rühren sollte. Tilly blieb den Winter über im Braunschweigischen und litt Mangel und Not. Die Wallensteiner dagegen führten ein üppiges Leben auf Kosten der besetzten Gebiete, ohne daß die nach der Instruktion erforderliche Genehmigung des Kaisers eingeholt worden wäre. Die erlaubten „leidlichen Kontributionen" wurden bald unleidlich, die Art der Eintreibung unerträglich. Es war nichts Seltenes, daß der Backofen geheizt wurde, um einen Hausvater seiner Glut auszusetzen, bis er den Versteck seiner Habe gebeichtet hätte. Bei Gelegenheit trat die Erbitterung der Bauern grausam zu Tage. Als 300 Wallensteinische Reiter von Christian von Braunschweig überrascht und zum größten Teile vernichtet worden waren, wurden die Gefangenen, an 100, meist Kroaten, von den wütenden Bauern mit Knütteln totgeschlagen. Dabei führte Wallenstein ein so scharfes Regiment, daß die Truppen höchst unmutig wurden, zu

Desertion und Meuterei geneigt waren. Auch seinen Offizieren gegenüber trat er schroff und herrisch auf, so daß er bald den Beinamen il tiranno erhielt. Im Volksmunde nannte man ihn wohl den Galgensteiner oder den Henkerherzog. Mit dem Feldmarschall Collalto überwarf er sich derart, daß dieser das Heer ohne Urlaub verließ und sich nach Böhmen begab. Und doch wurde er später sein Intimus! An seiner Stelle wurde Marradas ernannt, während Wallenstein vor ihm lauter Protestanten vorgeschlagen hatte. Trotz der großen Kontributionen aus Halberstadt und Magdeburg verlangte er vom Kaiser Geld zur Bezahlung der Truppen und berechnete die für das Heer geleisteten Vorschüsse auf zwei Millionen Gulden!

Bei aller Grausamkeit wurde aber doch eine gewisse Ordnung gehalten. Friedlands Absicht war es wenigstens, daß Bürger und Bauern neben den Soldaten bestehen können sollten, die Ausnutzung sollte nicht bis zur Erschöpfung gehen, um die Kontributionsfähigkeit des Landes nicht aufzuheben. Man traf daher Anstalt, daß die Aussaat geschah und für die Zukunft gesorgt wurde.

„Darin liegt das Originale in dem Auftreten Wallensteins: Aufstellung einer Armee hauptsächlich durch seine Vorschüsse, Ernährung derselben durch die Kontributionsverfassung, bei der das Land allenfalls bestehen konnte, beides auf den Grund des kaiserlichen Namens und Gebotes. Die Verbindung der militärischen Zucht, die er gewaltig handhabte, mit ökonomischer Fürsorge gibt seiner Okkupation ein eigentümliches Gepräge, sie hat einen landesfürstlichen Zug in sich." (Ranke).

Zu wichtigeren Kriegsaktionen kam es nicht. Da Christian von Dänemark bei Besichtigung der Festungswerke von Hameln mit dem Pferde in den tiefen Stadtgraben gestürzt war und sich lebensgefährlich verletzt hatte, zogen sich die Truppen zurück, und es kam zu Braunschweig zwischen Dänemark und dem niedersächsischen Kreise einerseits und Tilly und Wallenstein, die gesonderte Vertreter schickten, andererseits, zu Friedensverhandlungen, die bis in den März 1626 währten, zur Freude der katholischen Herpartei in Wien aber an den beiderseitigen Ansprüchen scheiterten.

Nun sollte es endlich im Felde lebendig werden. Ernst von Mansfeld, gegen den allein Wallensteins Heer nach der Instruktion aufgestellt sein sollte, hatte sein mit englischer und französischer Unterstützung geworbenes Truppenkorps mit den Dänen an der unteren Weser vereinigt. Er war der einzige der ehemaligen Truppenführer im böhmischen Kriege, der noch gegen Ferdinand in Waffen stand, und schon im Dezember 1625 befürchtete Wallenstein, daß er durch Brandenburg nach Schlesien rücken und so den Krieg in die habsburgischen Erblande spielen werde. Dort konnte er Bethlen Gabor die Hand reichen und dadurch den Kaiser zwingen, Wallenstein aus Norddeutschland abzuberufen, wo dann Christian von Dänemark mit größerer Zuversicht Tilly gegenübertreten konnte. Wallenstein suchte deshalb die kaiserliche Truppenmacht durch fortgesetzte Werbungen unermüdlich zu vergrößern, bald hatte er 35 000 Mann Fußvolk und 17 000 Reiter, von denen mancher Knecht und mancher Offizier der besseren Löhnung und Verpflegung halber zum großen Verdruß der Liga aus Tillys Heer desertiert war. Schon auf dem Braunschweiger Konvent waren Mißhelligkeiten zwischen den beiden Generalen zu Tage getreten, sie mehrten sich, als jeder an den anderen Forderungen stellte, die nicht erfüllt wurden — Wallenstein zog nicht zu Tilly an die Weser, um den Erblanden näher zu sein, und Tilly marschierte nicht an die Elbe, um dem Könige von Dänemark den Paß in die ligistischen Gebiete zu sperren. Der Friedländer hatte den unleugbaren Vorteil vor Tilly, daß er mit voller Autorität als kaiserlicher General auftreten konnte. Er erscheint als der gebietende und maßgebende Wille, dem sich Tilly grollend unterordnet.

Abb. 38. Georg Friedrich Markgraf zu Baden-Durlach.
Von einem Plan des von ihm 1620 angelegten verschanzten Lagers bei Ihringen.

Christian von Dänemark entschloß sich zu einem umfassenden Angriff gegen die kaiserlich-ligistischen Streitkräfte, auf seinem linken Flügel sollte Mansfeld die Operationen ausführen, die Wallenstein richtig vermutet hatte. Mansfeld zog in die Mark Brandenburg, ohne Berücksichtigung des schwachen Kurfürsten Georg Wilhelm, der wohl innerlich den Verbündeten geneigt war, auch seine schöne und lebhafte Schwester Katharina mit Bethlen Gabor vermählt hatte, sein Heil aber in einer unehrlichen Neutralität sah. Zu seiner Unterstützung rückte auf dem linken Elbufer der dänische Oberst Fuchs vor. Ehe sich beide aber vereinigen konnten, wurde Fuchs von Wallenstein auf Tangermünde zurückgeworfen. Mansfeld rückte über Zerbst südwärts, wo Aldringen die Elbbrücke bei Dessau und

Tali Brunonis claro de stemmate Princeps
Vultu Barbaricos acer consurgit in hostes; *Simon Passaeus sculpsit.*
Nec Patriæ tristes fert mens generosa ruinas.

Pa. Morelse pinx.   Crisp. de Pas excudit

Abb. 39. Christian Herzog von Braunschweig und Administrator von Halberstadt.
Nach einem Stich von Simon Passaeus in der K. K. Fideikommiß-Bibliothek zu Wien.

Roßlau besetzt und zu ihrem Schutze Verschanzungen angelegt hatte. In mehrfachem Angriff suchte er sich des Punktes zu bemächtigen, doch vergebens. Eröffnung von Laufgräben und Beschießung waren ebenfalls ohne Erfolg. Auf die erste Nachricht hin schickte Wallenstein sofort den Feldzeugmeister Schlick mit einem Teile seiner Armee zu Hilfe und zog mit dem Reste nach, begleitet von Gerhard von Questenberg, der im Gegensatze zu Schillers Charakterisierung sein treuester Freund war, vom Kaiser zur Schlichtung von Streitigkeiten zwischen ihm und Tilly abgesandt. Am 25. April stand er dem ehemaligen Waffengefährten aus dem Jahre 1604 gegenüber. An Zahl überlegen brachen die Kaiserlichen unter dem Friedländer aus dem Brückenkopf hervor, Aldringen (Abb. 43) eroberte selbst zwei Fahnen, die Regimenter Wallenstein und Tiefenbach fielen aus einem nahen Walde den Mansfeldern in die Flanke, bald war der Sieg entschieden. Sechsunddreißig Fahnen, zwei Standarten, zehn Feldstücke und vier Mörser waren Wallensteins Trophäen, Isolani (Abb. 44) verfolgte die Flüchtlinge mit den Kroaten in der Richtung auf Zerbst. Ein Abt, der in Prag am Altare die Nachricht erhielt, begann zu allgemeiner Verwunderung plötzlich mitten im Gottesdienst das Tedeum zu singen, aus überquellender Freude über diesen Sieg der Kaiserlichen ohne Hilfe von Bundesgenossen.

Wallenstein beschloß, zum bleibenden Gedächtnis an diesen Tag auf dem Berge Bösig in Böhmen ein Kloster zu erbauen, und ließ einen Kupferstich der Schlacht anfertigen, den er als Grundlage eines Gemäldes für diese Kapelle zu benutzen gedachte (Abb. 69).

Doch bald kam ein Mißton in den Siegesjubel. Graf Schlick fühlte sich durch Wallenstein verletzt, und als der Herzog erfuhr, daß Aldringen einen intimen Brief-

Abb. 40. Denkmünze auf Gustav Adolf und dessen Gemahlin Marie Eleonore von Brandenburg.
Nach einem Exemplar im Königl. Münzkabinett zu Berlin.

wechsel mit Collalto pflog, kam es zu einer heftigen Scene, in der des Generals Jähzorn die Worte nicht wählte, den „Tintenfressern" die Lust zum Schreiben schon benehmen wollte. Zwar bat er Aldringen um Verzeihung, aber dieser that alles, um seinen Vorgesetzten an höchster Stelle zu diskreditieren, unterstützt von einer Clique, die bald an Zahl und Macht wuchs. Questenberg bat den Gekränkten, doch Wallensteins Temperament zu berücksichtigen, andere vertrösteten ihn auf die Zeit, wo Wallenstein abdanken würde.

Und dieser trug sich wirklich mit Rücktrittsgedanken. Er war den ganzen Winter über leidend gewesen. Es fehlte an Geld zur Führung des Krieges, wiederholt schrieb er nach Wien: Er habe die Armee auf den Fuß gebracht, Posto genommen und sich in Schulden gesteckt, nun sehe er, daß man bei Hofe auch noch meine, er solle den Krieg auf seine Kosten führen! Dann beklagte er sein Verhältnis zum Feldherrn der Liga: „Vom Tilly habe ich keine Assistenz, er tyrannisiert mich, wie sein Prinzipal unseren Herrn, den Kaiser." Auch Vorwürfe, die man gegen seine Kriegführung machte, hatte er abzuwehren. „Ich unterlasse gewiß nichts, was zu Nutz Ihrer Majestät gereicht. Dächte ich so viel an meiner Seele Seligkeit als an des Kaisers Dienst, so käme ich gewiß in kein Fegefeuer, viel weniger in die Hölle. Will man mich ins Kaisers Dienst mit Gusto erhalten, lasse man mich machen, nach dem ich in meinem Gewissen befinde, daß dem Kaiser zu Nutz ist. Müßte ich diesen Sommer ehrenhalber nicht bleiben, so bliebe ich gewiß nicht." So klingt es aus seinen Briefen. Am meisten bekümmerte ihn aber, daß seine Gegner, wenn sie „ihre Mäuler wetzten", das Ohr des Kaisers fanden. „Sollte er für seine langen, treuen und nützlichen Dienste despektiert werden, so wäre es ihm in der Gruben leid, daß er

Abb. 41. Kardinal Richelieu. Gemälde von Philippe de Champaigne
im Museum des Louvre zu Paris.
(Nach einer Originalphotographie von Braun, Clément & Cie. in Dornach i. E., Paris und New York.)

je einen Schritt in des Haus Österreich Diensten gethan hätte."

Er unterließ eine weitere Ausnützung des Sieges, weil er glaubte, daß Mansfeld seinen Plan, nach Schlesien zu ziehen, aufgegeben habe. Auch mißtraute er den Kurfürsten von Brandenburg und Sachsen, und nicht mit Unrecht. Ferner hatte sich Oberst Fuchs in Tangermünde einen festen Stützpunkt geschaffen, und die meisten Kundschafter meldeten, daß der König von Dänemark, der bis Wolfenbüttel vorgerückt war, zu schlagen beabsichtige. Wallenstein gedachte einen alten Plan aufzunehmen, die Elbe zu überschreiten und nach Holstein zu rücken, brauchte aber dabei Tillys Unterstützung und schickte den Oberst Coloredo zu ihm mit dem Vorschlage, daß Tilly mit seinem Heere zu ihm an die Elbe ziehen und dann, durch einige tausend

Mann von seiner Armee verstärkt, am linken, er am rechten Ufer des Flusses hinabziehen und den König nach Dänemark jagen sollten. Tilly aber belagerte zunächst dem Wunsche seines Herrn gemäß die Stadt Münden, nahm sie mit Sturm und ließ nicht nur die Besatzung, sondern auch einen großen Teil der Einwohner niederhauen.

Unterdessen blieb Wallenstein völlig unthätig; erst wenn „die Fourage reif geworden", wollte er den Feind aufsuchen, und wenn er die nötigen Sendungen an Munition, Geld und Getreide bekommen habe.

Nachdem die Gegner durch den plötzlichen Tod Christians von Braunschweig einen großen Verlust erlitten hatten, verabredeten Wallenstein und Tilly in Duderstadt jenes gemeinsame Vorgehen auf beiden Ufern der Elbe. Unterdessen ließ der Friedländer fortwährend für den Kaiser werben, besonders in Süddeutschland, wo sich die Offiziere die ärgerlichsten Bedrückungen erlaubten. Am schlimmsten ging es den Gebieten, die nun schon seit Monaten durch die Anwesenheit seiner Truppen beglückt wurden. Die Stadt Halle, in deren Residenz, der Moritzburg, Aldringen sein Quartier eine Zeitlang aufgeschlagen hatte, war völlig erschöpft, sollte aber doch wöchentlich 8500 Gulden aufbringen. Als dies nicht geschah, wurden Mitglieder des Rats gefangen gesetzt, und als die Stadt die Gnade des Kaisers anflehte, forderte Wallenstein 4000 Dukaten Strafe dafür, daß die Stadt sich erkühnt hatte, ihn so gewissermaßen zur Rechenschaft zu ziehen. Was bedeutete da noch des Kaisers Instruktion?! Ein großer Teil Deutschlands, von der Elbe bis zum Rhein, mußte sich unter das Schwert des gefürchteten Generals beugen. In glänzendster Weise hatte Wallenstein dem Kaiser ein Heer aufgestellt, wie er es nie gehabt hatte, und zum Siege geführt: das schwerfällige Gebäude reichsständischer Verfassung wankte in seinen Grundfesten, das Kriegsrecht setzte die kaiserliche Autorität an die Stelle der Landeshoheit. Die katholischen geistlichen Gebiete litten unter denselben Drangsalen wie die protestantischen, vergeblich beklagte sich der Kurfürst von Mainz, und den weltlichen Fürsten gab der Gewalthaber den vielsagenden Trost: Besser ein ruiniertes Land, als ein verlorenes. —

Wallenstein trug im Felde gewöhnlich einen Reiterrock von Elenleder, ein Wams von Leinwand, rote Beinkleider, einen Mantel von Scharlach, rote Feldbinde, die er auch den kaiserlichen Truppen anzulegen befahl, und eine Feder von gleicher Farbe auf dem grauen Kastorhute; er ging stets gestiefelt. Seine Umgebung bildete schon jetzt einen förmlichen Hofhalt, in den Briefen an Collalto berichtet Aldringen von einer Unterredung mit Wallenstein stets: er sei bei Hofe gewesen. Damals war der Herzog noch ein Freund heiterer Geselligkeit im Kreise seiner Offiziere, deren er gewöhnlich eine sehr große Zahl fürstlich bewirtete — man schätzte seine Tafelausgaben auf jährlich 200000 Thaler — während er später allein speiste. Auch den Freuden des Bechers war er nicht abhold, schreibt er doch aus Aschersleben seinem Schwiegervater in der stets derben Ausdrucksweise seiner trunksesten Zeit: er habe sich mit dem kurbrandenburgischen Gesandten „einen Rausch gesoffen"! Bei Märschen ging er etwas voran oder folgte dem Zuge. Dann hatte er es gern, wenn man ihn nicht bemerkte oder vermied, ihn zu grüßen. —

Die Gefahr, von einer Vereinigung der beiden für des Kaisers Sache kämpfenden Heere erdrückt zu werden, ließ die Verbündeten in einer Diversion nach des Kaisers Erblanden die einzige Rettung erblicken. Am 10. Juli brach Mansfeld mit etwa 10000 Mann von Havelberg auf, zog in Eilmärschen quer durch Brandenburg, rückte in Schlesien ein und fand das Land so gut wie wehrlos. Nach der Schlacht bei Roßlau hatte der Kaiser hier abgerüstet — wenn ein paar Fliegen umgebracht sind, stellt man die Rüstungen ein, äußerte Wallenstein.

Er hatte Bedenken, dem Mansfelder nachzuziehen und fürchtete, daß im Falle eines Friedensschlusses weder Feind noch Freund, katholisch oder lutherisch ihn wieder ins Reich zurückziehen lassen würde. Auf jeden Fall verlangte er energische Werbungen, schon um dem Feinde dadurch etwaigen Zuwachs zu entziehen. Aber eine Vereinigung Mansfelds mit Bethlen, „der wie ein Platzregen kommen würde", war drohend, dazu glaubte er, Gustaf Adolf zöge die Oder aufwärts nach Schlesien; so entschloß er sich, die Erblande zu sichern.

General Tilly. Gemälde von Anton van Dyck in der alten Pinakothek zu München.
(Nach einer Photographie der Photographischen Union in München.)

Abb. 12. Christian IV., König von Dänemark.
Nach einem Stich von Lucas Kilian um 1625.

Einen großen Teil seines Heeres ließ er in Norddeutschland zurück, unterstellte ihn aber nicht Tilly, sondern befahl den Truppen, sich nicht aus den Quartieren zu entfernen. Mit Mühe erreichte Tilly, daß er ihm wenigstens 6000 Mann überließ. Da traf ein Schreiben aus der kaiserlichen Kammer ein, er solle nicht nach Schlesien rücken, sondern den Feind schlagen, ehe er dahin käme. Voller Hohn schreibt Wallenstein an Harrach: Nun sehe man der Kammer wohl konsiderierte Ordinanz: der Feind ist in Schlesien, das Land hält mehr mit ihm als mit dem Kaiser und ich sollte außerhalb des Lands bleiben, auch wird sich der Feind gleich, also wie sies aufs Papier setzen, schlagen lassen und ich mit der Armee gleich hin und her marschieren können, als wenn sie ein Paar Roß vor den Wagen spannen lassen, nach Hof fahren und von dannen wieder nach Hause. Er hoffte, durch diesen Zug sei Mansfeld verloren wie Judas' Seel'.

Aber dieser war wie auf einem Spaziergange in etwa drei Wochen auf der rechten Oderseite durch die große Provinz Schlesien, ohne auch nur den Schatten eines Widerstandes zu finden, nach Teschen gezogen und hatte sich der Jabluntaschanze versichert. Wallenstein zögerte noch mit dem Abmarsche, weil er wünschte, daß Tilly sich der Elbe nähere, dieser aber sich zur Belagerung Göttingens anschickte. Am 8. August endlich brach er mit etwa 14000 Mann von Zerbst auf, zog in Eilmärschen über Dahme und Kottbus nach Sagan, wo er schon am 17. August eintraf, dann nach Bunzlau, wo er dem schlesischen Kammerpräsidenten Karl Hannibal von Dohna, dem Beschützer von Martin Opitz, eigenmächtig die Werbung polnischer Kosaten befahl. In Goldberg ließ er seinen einstigen Lehrer Bechner, der ihn wegen seiner hochtrabenden Lebenspläne bespöttelt hatte, zu sich rufen und beschenkte ihn; in Schweidnitz finden wir zum erstenmal, daß mit Rücksicht auf die leicht reizbaren Nerven des Feldherrn die größte Stille befohlen wurde, die Turmwächter durften die Stunden nicht ausblasen, die Wächter in der Nacht nicht pfeifen. Am 2. September schon stand er in Olmütz. Dieser schnelle Durchmarsch hatte Schlesien ganz bedeutenden Schaden gebracht. Trotz der eisernen Strenge Wallensteins, der in Bunzlau sechs Marodeure aufknüpfen ließ, erfolgten sinnlose Zerstörung, rohe Plünderung und Ausschreitungen aller Art; die Truppen des Landesherrn hausten schlimmer als die Feinde.

Als Mansfeld die March bei Kremsier überschreiten wollte, traf er dort bereits Truppen Wallensteins und bog daher nach Osten ab. Der Friedländer rückte nach Freistadtl an der Waag und blieb dort zehn Tage liegen, um

Abb. 43. Johann Aldringer.
Nach einem Stich in der K. K. Fideikommiß-Bibliothek zu Wien.

Sendungen von Geld, Proviant und Verstärkungen aus Süddeutschland und Polen abzuwarten. Sein Zögern rief am Hofe die größte Unzufriedenheit hervor, seine Feinde beschuldigten ihn der Trägheit und Unentschlossenheit, ja gar der Feigheit, der Kaiser schickte Trautmannsdorff und Questenberg zu ihm, um ihn zum Angriff zu bewegen. Endlich rückte er vor, weil aber Bethlen und die Türken sich ihm nicht gewachsen fühlten und abzogen, ging er auch wegen Mangels an genügender Verproviantierung nach Neuhäusel zurück. Seine Freunde verteidigten ihn gegen den Vorwurf, warum er nicht angegriffen habe, auch damit, „daß er das Firmament beachte. Man müsse wissen, was damalen in des Herrn General, Bethlem Gabors und des Bassa von Bosnia Nativität für Direktiones, Quatrangel und Oppositiones gewesen."

Abb. 44. Johann Ludwig Isolani. Nach einem Stich von Pet. de Jode in der K. K. Fideikommiß-Bibliothek zu Wien.

Unterdessen vereinigten sich Bethlen und Mansfeld und brachten der friedländischen Nachhut noch manche Verluste bei, nahmen auch den Grafen Schlick gefangen. Aber Verhandlungen, die inzwischen aufs neue mit Bethlen gepflogen wurden, führten schließlich zu einem Frieden. Von Bethlen im Stich gelassen, wollte sich Mansfeld, um die Hilfe Venedigs und Frankreichs zu erlangen und um dort seine zerrüttete Gesundheit herzustellen, mit wenigen Begleitern über Dalmatien nach Italien begeben; unterwegs aber ereilte ihn in Rakowa bei Serajewo der Tod. Unerschrocken, wie er gelebt hatte, starb er, wie ein Kriegsmann in Waffen sah er dem Tode ins Auge, stehend, von seinen Dienern gestützt. Seine Truppen wurden von einem dänischen Kommissar nach Oberschlesien zurückgeführt.

Während Wallenstein im Osten das Mißfallen der Regierung erregte, hatte Tilly in Norddeutschland den König von Dänemark bei Lutter am Barenberge entscheidend geschlagen, nach Holstein zurückgetrieben und sich des größten Teils von Niederdeutschland bemächtigt. Trotz der geringeren Stärke seines Heeres hatte er also mehr geleistet. In Wien entstanden Zweifel an Wallensteins Befähigung, die Häupter der Liga, Bayern und Mainz, beklagten sich über das Raubsystem seiner Truppen, forderten bessere Bezahlung, Herabminderung des Heeres und Einstellung der Werbungen. Es gelang ihnen, den Kaiser zu ihrer Meinung zu bekehren. Da verlangte Wallenstein, aufs äußerste gereizt, Anfang November 1626 durch seinen Oberstleutnant St. Julian den Abschied. Und doch blieb er. Die Furcht vor dem unbezahlten Heer, das von Wallenstein Befriedigung erwartete, veranlaßte den Kaiser zu Unterhandlungen. Wallenstein

Abb. 45. Alte und neue Reiterei. Nach Joh. Jacob von Wallhausen's „Kriegskunst zu Pferde".

seinerseits konnte, da er gebraucht wurde, seine Bedingungen stellen.

Zu Bruck an der Leitha hatte er am 25. November eine Zusammenkunft mit Fürst Hans Ulrich von Eggenberg, dem Jugendfreunde und leitenden Minister des Kaisers, der durch seine politische Klarheit und Schärfe und seine unzerstörbare Ruhe eine notwendige Ergänzung zu dem kühneren und leidenschaftlicheren Herzoge bildete, so daß sie beide in gemeinsamem Werke die Machtstellung Ferdinands begründeten. Auch Eggenberg hatte die Abhängigkeit von der Liga drückend empfunden und war nicht gesonnen, dem Bayern einen ferneren Einfluß zuzugestehen. So konnte denn Wallenstein mit hoher Befriedigung auf das Ergebnis der Unterredung zurücksehen, das Vertrauen zwischen General und Kriegsherrn wurde nicht nur wiederhergestellt, sondern der Herzog auch in seiner Stellung gehoben. Er rechtfertigte seine Kriegsführung und sein Verlangen nach einer über das damalige Normalmaß hinausreichenden Armee von, wie es heißt, 70 000 Mann; seinen Truppen wurden die gewünschten Quartiere in den Erblanden angewiesen, die Werbungen fortgesetzt, und zwar ergingen die Patente jetzt nicht mehr in des Kaisers, sondern in Wallensteins Namen. Zur Erhaltung der Armee sicherte er sich die notwendigen Mittel: „Bis dato," sagte er, „hab ich von dem Meinigen zugesetzt, hinfüro will ich's nicht thun, denn ich ruinir mich und die Meinigen darmit, hab kein Dank drum und in Zeit der Not keinen Heller."

Auf Grund der Abmachungen in Bruck wurden auch später seine Befugnisse als Feldherr ganz bedeutend erweitert. Er bekam das Kommando auch über die in den Erblanden liegenden Truppen (vorher befehligte er ja nur den sogenannten Succurs im Reich), die Obersten ernannte er fortan

Abb. 46. Gefecht zwischen einem Kavalleristen und einem Infanteristen. Nach Joh. Jacob von Wallhausen's „Kriegskunst zu Pferde".

statt des Kaisers, die Generalkommandos wurden nach seinem Vorschlag besetzt, bei Anweisung von Zahlungen und Verordnung von Lieferungen an Proviant und Munition wurde ihm die kaiserliche Machtvollkommenheit eingeräumt. Über die sonstigen Gegenstände der Besprechung sind wir leider nicht glaubwürdig genug unterrichtet.

Wallenstein hatte eine Machtfülle erlangt, wie sie der Kaiser nur dann erteilen konnte, wenn er des Herzogs Plan, eine kaiserliche Militärdiktatur in Deutschland zu errichten, zu dem seinen gemacht hatte. Das Heer sollte die Stütze des Kaisertums sein gegenüber den selbständigen Neigungen des Fürstentums, zunächst des protestantischen, aber wenn notwendig, auch des katholischen.

seiner Familie, war aber dabei eifrig für Organisation und Vermehrung des Heeres thätig. Das Regiment des Obersten Wratislaw z. B. gab er dem eifrigen Lutheraner Hans Georg von Arnim-Boitzenburg. Seine Truppen, die von Hunger und Kälte in dem rauhen und unfruchtbaren Oberungarn arg mitgenommen waren, legte er hauptsächlich in die niederschlesischen Fürstentümer, wo sie sich bis zum Sommer erholen und ergänzen sollten. Zu Schlesien rechnete er aber auch das brandenburgische Krossen, ohne die Neutralität des Kurfürsten zu achten. Nun vertauschten die Soldaten ihre zerlumpte und abgerissene Kleidung mit neuer, die sie den Bürgern abzwangen, und bedrückten das Land ungemein. Futter,

Abb. 17. Soldatentypen. Nach Joh. Jacob von Wallhausen's „Kriegskunst zu Pferde".

Als kaiserliches Heer sollte es möglichst vom ganzen Reiche, und zwar den Gebieten beider Bekenntnisse, nicht bloß von den österreichischen Erblanden, erhalten werden. Die Verwendung des Heeres erfolgte weniger aus militärischen, als aus politischen Gesichtspunkten. Der Gegensatz zum Haupte der Liga aber war geschärft. Blieb ihm der Kaiser treu, so konnte der Friedländer auf alle Ränke und Schliche mit Verachtung blicken; wurde der Kaiser an ihm und damit an sich selbst zum Verräter, so mußte er entweder vor den Gegnern die Waffen strecken oder den Kaiser zu seinem Heile zwingen. Die Geschichte fand noch eine dritte Möglichkeit, Wallenstein selbst blieb nicht bei seinem Plane bestehen.

Der Generalissimus begab sich über Olmütz und Gitschin nach Prag und freute sich nach langer Entfernung im Friedländer Hause

Verpflegung, Geld sollten geliefert werden, bald brachte man Bargeld nicht mehr auf und konnte nur noch goldene und silberne Gefäße geben, teilweise schon zum Verdruß und Ärger der Offiziere, die sie zurückwiesen, oder Zinn, Tuch, Leinwand, Leder. Die Offiziere bereicherten sich schamlos, ließen die armseligen Kühe und Klepper der Bauern schlachten, um ihre Häute zu verkaufen, zu jeder Gewaltmaßregel hatten sie ihre Truppen zur Verfügung und sandten Kapitalien in das sichere Ausland. Beschwerden bei Wallenstein und dem Kaiser brachten nur schöne Vertröstungen ein. Die Fürstentümer Schweidnitz und Jauer, die dem jungen Könige Ferdinand von Ungarn, des Kaisers Sohn, gehörten, litten besonders unter Franz Albrecht von Sachsen-Lauenburg. Ein kaiserlicher Befehl zum Abzug fruchtete nichts, Franz Albrecht erklärte, wären auch noch so viele Befehle aus Wien vorhanden, so dürfe er doch nur der Ordinanz seines Generals nachleben. „Ich getröste mich, daß der General itzo so viel ist, als der Kaiser selber." Und Wallenstein schrieb: „Der König muß gedenken, daß er soll Monarcha der Welt werden und nicht vor sein Patrimonium allein Schweidnitz und Jauer haben, davon er ohne dies kein Einkommen hat. Ihrer Majestät Glück geschlagen oder ein Baum benutzt. Der „Freimann" hatte den Verbrecher „zu führen zu einem grünen Baum und ihn anzuknüpfen an seinem besten Hals, daß der Wind unter und über ihm zusammenschlägt". Die großen Diebe aber ließ man laufen. Als die Stadt Oppeln über Coloredo wegen 500 Reichsthalern Klage führte, äußerte sich Wallenstein, er finde keinen Grund, wegen 500 Thalern gegen ihn zu prozes-

Abb. 48. Marketenderzelte. Gemälde von Ph. Wouwermann in der Königl. Galerie zu Dresden.
(Nach einer Photographie von J. & O. Brockmanns Nachf. R. Tamme in Dresden.)

und Ruin beruht auf guter oder böser Affektion der Armee."

Dabei wurde die rein militärische Disciplin, namentlich gegen die Gemeinen, strenge gehandhabt. Das Reiten auf einem großen hölzernen Esel mitten auf dem Markte wurde öfters exekutiert, verurteilte Soldaten mußten miteinander unter dem Galgen um ihr Leben spielen, wer verspielte, wurde gehenkt. Der gewöhnliche bürgerliche Galgen galt aber im Heere für unwürdig, einen Soldaten zu tragen, dazu wurde ein besonderer Quartiergalgen aufdieren, es wäre von nöten, daß man nicht alle vor den Kopf stoßen sollte, denn die gute Affektion der Offiziere ist einzig und allein, so den Kaiser erhält. Während aber der kaiserliche Soldat praßte und der schlesische Bauer voll Kummer sein trockenes Brot aß, machte der Feind in Oberschlesien von Tag zu Tag Fortschritte, der dänische Oberst Heinrich Holk eroberte Beuthen, Kosel und andere Städte gerieten in dänische Hände.

Von Ungarn bis zum Rhein lagen kaiserliche Truppen in befreundeten und feindlichen, katholischen und protestantischen Gebieten, überall eine Last, überall die Selbständigkeit der Fürsten aufhebend, ihre Einkünfte schmälernd. Die katholischen Fürsten der Liga waren die ersten, die sich zu Gegenmaßregeln auf einer Tagung zu Würzburg vereinigten. Sie, die den Krieg im Interesse ihrer Religion führten, waren noch dazu davon eigentümlich berührt, daß Wallenstein eine große Zahl von Protestanten in seinem Heere hatte, ja wichtige Oberstenstellen mit ihren konfessionellen Gegnern besetzte. Durch Gesandte beschwerten sie sich beim Kaiser über das Verhalten seiner Völker, über die Verdrängung ligistischer Truppen aus ihren Quartieren, und verlangten eine Verminderung des Heeres. Der Kaiser war freundlich, blieb aber fest. Wallenstein war zufällig in Wien, als die Gesandten anlangten, und brach in seiner heftigen Weise los: ob denn der Kaiser nur eine bloße Bildsäule, nur ein Schmuckstück in der Reichsverfassung sein solle? Sie konnten nur antworten, das Reich sei nicht allein dem Kaiser verpflichtet, sondern dieser habe auch dem Reiche geschworen.

Als so der Ansturm der eigenen Bundesgenossen abgeschlagen war, wandte sich

Abb. 49. Soldatentypen.
Nach Callot „Les exercices militaires".

Wallenstein wieder den Feinden zu; im Juni begann er das große Kesseltreiben in Oberschlesien mit zielsicherer Benutzung der geographischen Lage; an der Elbe und unteren Havel standen Herzog Georg von Lüneburg und Aldringen, an der Spree und Warthe Arnim zum Abfangen des Feindes bereit, an der polnischen Grenze lagen Truppen des befreundeten Königs. Diesen unterstützte er in seinem Kampfe gegen die Schweden, die im vergangenen Jahre in Preußen eingefallen waren, durch einige kaiserliche Regimenter, um Gustaf Adolf an einem Eingreifen in Deutschland zu hindern. Zuerst nahm er nach viermaligem Sturme Leobschütz, dann Jägerndorf und konnte durch die Nachricht vom Siege bei Kosel dem Kaiser Gelegenheit geben, alle Verdächtigungen abzuweisen. Nach der Einnahme von Troppau und einigen mährischen Orten trieb er die Feinde vor sich her und übertrug schließlich ihre Verfolgung dem Obersten Pechmann. Es gelang, die Dänen zu überholen und zu vernichten. Oberst Holk geriet in die Hände des Kroatenführers Isolani, Pechmann aber bezahlte den Sieg mit seinem Leben. So war Schlesien dem Kaiser in überraschend kurzer Frist gerettet, und Wallenstein erntete nicht

Abb. 50. Beim Abfeuern eines Geschützes.
Nach Georg Schreibers „Büchsenmeister Discurs". Brieg 1656.

nur rühmlichen Lorbeer, sondern auch reellen Landbesitz; der Kaiser verkaufte ihm das Fürstentum Sagan für einen Teil des Soldes, den er ihm seit dem Jahre 1625 schuldig war.

Nun stand dem General nichts mehr im Wege, gegen den König von Dänemark selbst vorzugehen, wie er vernehmen ließ, die Fremden, die den Frieden und Wohlstand des Reiches störten, von seinem Boden zu verjagen. Dazu kam aber noch der Gegensatz zur Liga, der ihn ins Reich trieb. Es war ihm wohl Nachricht zugekommen, daß Maximilian einen allgemeinen Kurfürstentag zustande zu bringen bestrebt war, der die vergeblichen Bemühungen des Würzburger Ligatages wieder aufnehmen sollte.

Genau ein Jahr, nachdem Wallenstein in Schlesien eingerückt war, überschritt er wieder die schlesische Grenze, um diesmal durch Brandenburg zu ziehen. Was galt ihm Neutralität, und wie wenig durfte auch des Kurfürsten Verhalten auf diesen Namen Anspruch machen! Der Kurfürst habe lange genug die blinde Katze mit dem Kaiser gespielt, sagte der Herzog zum bayerischen Agenten Leuker, den muß man lehren, wie er Ihre Kaiserliche Majestät respektieren soll. Und Brandenburg fügte sich, schaffte Getreide und Schlachtvieh herbei, befahl fleißiges Brauen, wenn das Bier „auch gleich nicht so sehr delikat wäre". Solange Friedland selbst beim Heere war,

Abb. 51. Soldatentypen.
Nach Callot „Les exercices militaires".

wurde die Ordnung leidlich aufrecht erhalten, aber bald eilte er mit seinem Stabe voran, um mit Tilly den weiteren Feldzugsplan zu erörtern. Die Truppen unter Torquato Conti, dem Quadercomter des Volksmundes, verübten nun die größten Scheußlichkeiten. Greisinnen und Kinder wurden von der vertierten Soldateska gemißbraucht; um etwa einen Schmuck zu finden, riß man die Gräber auf und warf die Leichen umher, man briet die Leute, wand ihnen Stricke mit dicken Knöpfen um den Kopf und zog sie an, daß den Unglücklichen die Hirnschale zersprang und das Blut aus Augen und Ohren spritzte, schnitt Geistlichen und Küstern, die den Zutritt zu den Gotteshäusern verwehrten, den Bauch auf oder den Kopf ab, kurz man beging alle Greuel, welche die Bestie im Menschen nur irgend ersinnen kann. Wie ein Trümmerfeld blieb die Mark im Rücken ihrer Bedränger.

Christian von Dänemark trug sich im Frühling 1627 mit großen Hoffnungen, England, Holland und Frankreich unterstützten ihn mit Geld und Truppen, Heerführer von nicht unbedeutendem Ruf, wie der alte Graf Thurn und der Markgraf von Baden-Durlach, auch der junge Herzog Bernhard von Weimar, fanden sich bei ihm ein. Aber Tilly überschritt Anfang August die Elbe bei Bleckede, kam, wie es in einer gleichzeitigen „Guten newen Zeitung" heißt,

Abb. 52. Geschütz aus dem dreißigjährigen Kriege im Königl.
bayerischen Nationalmuseum zu München.
(Nach einer Photographie von J. B. Obernetter in München.)

trocknen Fußes über den Jordan in das gelobte Land. Nun zog gar noch Wallenstein heran, traf am 1. September in Lauenburg mit Tilly zusammen und verabredete mit ihm zur Freude des Kaisers ein gemeinsames Vorgehen. Den vereinten Heeren konnte der Dänenkönig, der schon im Kampfe mit dem einen den kürzeren pflücken, jagte den Grafen Thurn und den Rheingrafen Otto Ludwig vor sich her und schlug bald sein Hauptquartier in Itzehoe auf. Von hier aus leitete er die Belagerung des festen Schlosses Breitenburg, der Familie Ranzau gehörig, das von einigen Hundert Schotten heldenmütig verteidigt wurde. Über 700 Schüsse aus grobem Ge-

Abb. 53. Beim Richten eines Geschützes.
Nach Georg Schreibers „Büchsenmeister Discurs". Brieg 1656.

gezogen hatte, nicht widerstehen, und auf die Friedensbedingungen, die ihm die beiden Generale zumuteten, einzugehen, hätte ihm seine Ehre verboten.

Nachdem Tilly bei der Belagerung von Pinneberg in der linken Wade verwundet worden war und sich, um Heilung zu suchen, vom Kriegsschauplatze zurückgezogen hatte, zog Wallenstein die oberste Leitung des Heeres allein an sich. Er konnte nun die Früchte der ruhmvollen Thätigkeit Tillys schütz waren nötig, um die kleine Festung zu Falle zu bringen. Die eroberte wertvolle Ranzauische Bibliothek schenkte der Herzog dem kaiserlichen Beichtvater Wilhelm Lamormaini. Dann lagerte er vor Rendsburg, das sich nach kurzer Zeit ergab. Hier wurde dem Kriegsvolk ein noch nie gesehenes Schauspiel geboten. Die Wallensteinschen Offiziere gingen ihren Leuten im Beutemachen mit übelstem Beispiele voran, seinen Oberst Des Fours nannte der Fried-

4*

länder selbst im Wortspiel einen fur (Dieb), dem Obersten Fahrensbed wollte er wegen seiner Räubereien das Regiment abnehmen; nun statuierte er an einem seiner Offiziere ein blutiges Exempel. Der Oberst Görzenich wurde von einem Kriegsgericht seiner Beutezüge wegen zum Tode durch das Rad verurteilt, von Wallenstein zur Enthauptung begnadigt und auf freiem Felde hingerichtet. Er war der Schrecken befreundeter ligistischer Gebiete gewesen, und durch seine

Schleswig und Jütland überall siegreich durchzog und den König auf seine Inseln beschränkte, so daß des Kaisers Macht hier eine Ausdehnung gewann wie unter Otto dem Großen.

Jetzt dachte Wallenstein, den König in seinem letzten Zufluchtsort aufzusuchen. Er äußerte: „Ich bemühe mich um Schiffe. Auf den Sommer müssen wir den König in seinen Inseln suchen, denn er hat uns in Schlesien und Mähren heimgesucht, des-

Abb. 54. Waffen aus dem dreißigjährigen Kriege im Schlosse zu Dux.

Exekution konnte Wallenstein der erbitterten Liga beweisen, daß er Zucht und Ordnung in seinem Heere aufrecht zu erhalten gesonnen sei.

Unterdessen geriet Mecklenburg in die Hände der Kaiserlichen. Dänische Truppen unter dem Markgrafen von Baden waren zu Schiff von Poel nach dem Ländchen Oldenburg im Holsteinischen gebracht worden und lagen dort in Heiligenhafen, wurden aber von Schlick ins Meer gedrängt, nur ein geringer Teil konnte sich auf Schiffen retten; er mußte zusehen, wie sich die übrigen ergaben. Nun war es Schlick, der ganz

halb wird es nicht mehr als recht und billig sein, daß wir ihm den Besuch erwidern." Arnim, der in Mecklenburg stand, erhielt den Auftrag, Schiffe zusammenzubringen, „denn was wir itzt thun sollen, muß zu Meer geschehen." Am liebsten pflegte Wallenstein aber den Gedanken, das Herzogtum Mecklenburg an sich zu bringen. Sein ungezügelter Ehrgeiz, durch den Erfolg angestachelt, mißachtete die Schranken des Rechts, des historisch Gewordenen. In diesem Sinne behandelte er die beiden Herzöge von Schwerin und Güstrow, die sich dem Kaiser unterworfen hatten, so, daß ihnen alle Hoffnung auf Gnade schwand — das Land aber suchte er von Einquartierung möglichst frei zu halten. Warum sollte er sich seinen künftigen Besitz selbst ruinieren?

Zunächst aber zog es ihn nach Böhmen, eine langgehegte Hoffnung war erfüllt, ihm war ein Sohn geboren worden. Er erhielt vom Kaiser Urlaub und reiste ab. Anfang Dezember war er in seiner Residenz Gitschin, feierte glänzende Feste, spendete Wohlthaten und machte reiche Stiftungen. Zu Waldiz bei Gitschin gründete er dem Orden, dem seine erste Gemahlin vor allen zugethan war, eine Kartause mit reichen Dotationen, in Gitschin errichtete er ein Seminar zur Erziehung und Verpflegung von 100 Jünglingen, seinen Städten gab er eine Reihe von Privilegien. Zu Gunsten der Erhaltung der fürstlichen Würde bei seinen Nachkommen hatte er schon im Mai vom Kaiser eine Urkunde erhalten, die wohl einzig in ihrer Art ist: „Falls einer seines Namens und Stammes sich des Hochverrats schuldig mache, solle er doch in seinem fürstlichen Stande nicht gemindert werden." Die dynastischen Gelüste des Emporkömmlings aus niederem tschechischen Adel wurden vom Kaiser gefördert!

Seines Sohnes sollte sich der Herzog nicht lange erfreuen, er starb bald dahin, seine Fürstengewalt sollte aber gemehrt werden. —

Abb. 55. Soldatentypen.
Nach Callot „Les exercices militaires".

Die Truppen, die links der Elbe geblieben waren, entrissen den Dänen allmählich auch die letzten befestigten Plätze. Gottfried Heinrich von Pappenheim (Abb. 79) leitete die Belagerung von Wolfenbüttel. Im Jahre 1594 geboren und als Protestant erzogen, erhob er nach seinem Übertritt mit Hingebung und Fanatismus sein Banner zur Ehre der Heiligen. Unter Matthias wurde er Reichshofrat, bald aber trat er als Soldat in polnische, darauf in ligistische Dienste. In der Schlacht auf dem Weißen Berge war er von vielen Wunden bedeckt liegen geblieben, hatte dann durch glückliche Kämpfe in der Pfalz und in Oberitalien seinen Waffenruhm begründet. Im Jahre 1626 schlug er einen Aufstand der Bauern in Oberösterreich nieder, die sich gegen die Religionsbedrückungen Ferdinands erhoben hatten. Wegen seiner vielen Narben wurde er der Schrammhans genannt, auf seiner Stirn zeigte sich bei heftiger Erregung ein Mal, das zwei kreuzweis übereinander gelegten roten Schwertern glich. Er rühmte

Abb. 56. Geschütz und Büchse aus dem dreißigjährigen Kriege im Königl. bayerischen Nationalmuseum zu München.
(Nach einer Photographie von J. B. Obernetter in München.)

Abb. 57. Büchsen. Nach den Originalen im Schloß zu Tug.

sich, in einem Scharmützel vor Wolfenbüttel allein einen Hauptmann, drei Leutnants nebst 50 Mann gefangen genommen und 40 Mann getötet zu haben. War das Treffen vorüber, so trafen sich nach „alt abenteuerischem Rittersgebrauch" beide Parteien auf dem Felde, aßen, tranken und unterhielten sich, als wenn sie die besten Freunde wären, schieden aber nicht ohne erneutes „Scharmützieren".

Nach der Einnahme der Stadt war Wallenstein auffallenderweise geneigt, den Bayern ihre Besetzung zu überlassen und nicht wie sonst kaiserliche Truppen einzulegen. „Ich wollte nicht gern ein Ursach zur Diffidenz geben, denn wenn wir Kurbaiern recht auf unser Seiten haben, so

Abb. 58. Geschütz aus dem dreißigjährigen Kriege im Königl. bayerischen Nationalmuseum zu München.
(Nach einer Photographie von J. B. Obernetter in München.)

sind wir patroni nicht allein von Deutschland, sondern von ganz Europa."

Dies außergewöhnliche Entgegenkommen hob die Mißstimmung aber nicht. Auf einer Tagsatzung, die zu Mühlhausen abgehalten wurde, vereinigten sich die katholischen und protestantischen Kurfürsten in Anklagen gegen den kaiserlichen Generalobristfeldhauptmann. „Es war eine gemeinsame Demonstration des von Wallenstein bedrängten Fürstentums in seinen vornehmsten Vertretern gegen die in dem General repräsentierte kaiserliche Übermacht." Ihre landesherrlichen Rechte waren vielfach verletzt, in ihren Gebieten wurden Abgaben und Leistungen erhoben, die von keinem Reichstage beschlossen waren. Wie ein anderer Emportkömmling, sein Nachfahr im Berufe Deutschlands Kriegsgeißel zu sein, so hätte auch Wallenstein sagen können: das ist der Krieg! — aber die ligistischen Fürsten konnten ihre Waffenbrüderschaft und Bundesgenossenschaft dagegen anführen. Doch gerade sie hatten wenig Freude an ihren Siegen, ihre Truppen mußten mit den ausgesogenen Gebieten im Nordwesten vorlieb nehmen, die reicheren, weniger berührten, neueroberten Landstriche nahm Wallenstein für die kaiserliche Soldateska in Anspruch. Die Beschwerdeschriften, die von allen Seiten in Mühlhausen eintrafen, geben ein entsetzliches Bild der Verwüstung und Aussaugung deutscher Lande. Am schlimmsten war wohl Brandenburg betroffen, dessen Leiden ein Landeskind, der Uckermärker Arnim,

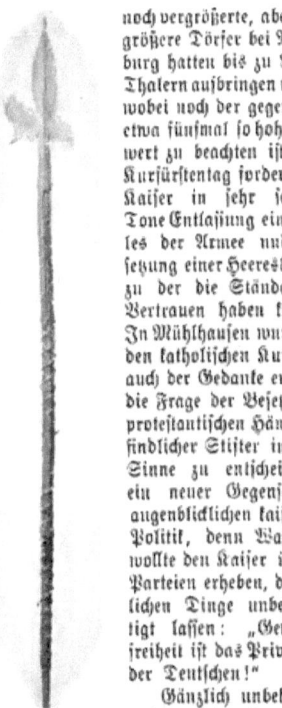

Abb. 59. Hellebarde. Im Besitz der Stadt Eger.

noch vergrößerte, aber selbst größere Dörfer bei Magdeburg hatten bis zu 80 000 Thalern aufbringen müssen, wobei noch der gegen heute etwa fünfmal so hohe Geldwert zu beachten ist. Der Kurfürstentag forderte vom Kaiser in sehr scharfem Tone Entlassung eines Teiles der Armee und Einsetzung einer Heeresleitung, zu der die Stände mehr Vertrauen haben könnten. In Mühlhausen wurde von den katholischen Kurfürsten auch der Gedanke erwogen, die Frage der Besetzung in protestantischen Händen befindlicher Stifter in ihrem Sinne zu entscheiden — ein neuer Gegensatz zur augenblicklichen kaiserlichen Politik, denn Wallenstein wollte den Kaiser über die Parteien erheben, die kirchlichen Dinge unberücksichtigt lassen: „Gewissensfreiheit ist das Privilegium der Teutschen!"

Gänzlich unbekümmert ließ er seine Truppen in den angewiesenen Winterquartieren. Er, der dem Kaiser ein Heer von nun über 100 000 Mann geworben, ihm sogar noch Hunderttausende bar zugesandt hatte, war unumschränkter Herr in Teutschland. Und in dem gleichen Sinne dachte seine Soldateska. Was ihr nicht streitig gemacht werden konnte, sah sie als Beute an, wer ihr nicht Widerstand leisten konnte, wurde als Knecht benutzt. Ging es an, so plünderte man auch in den Quartieren anderer Regimenter.

Aus dem allseitigen Angriff gegen das Haus Habsburg war nach Bethlen Gabors Rücktritt ein Kampf fern von den Erblanden geworden. Nun, da ein glorreicher Sieg errungen, der Feind vom Festlande verjagt war, genossen Kaiser und Feldherr

die Frucht ihrer Mühen. Mit unumschränkter Gewalt griffen sie in den Besitzstand der unterworfenen Gebiete ein. Alle, die treu ihrem Landesherrn Gut und Blut zur Verteidigung gegen die räuberischen Horden des Kaisers darangesetzt hatten, mußten jetzt die Rache des Siegers spüren, die Konfiskation ihrer Güter sollte ihm die Mittel geben, die Seinigen zu belohnen. Ja, man glaubte über die Häupter der Fürsten hinwegschreiten zu dürfen. Wie Napoleon ging Wallenstein den alten historischen Gewalten zuleibe, wie er gedachte er aus den Trümmern des Reichsfürstentums eine Militäraristokratie zu schaffen, die ihm, wie Offiziere ihrem General, stets zur Verfügung stand. Die Grafschaft Ruppin, die Neumark, das Stift Havelberg, Querfurt, Blankenburg u. a. sollten verdienstvollen Obersten gegeben werden, mit Rücksicht auf die stets wachsende Eifersucht der ligistischen Fürsten gegen die von ihm vertretene Kaisermacht wollte Friedland die beiden bedeutendsten Feldherren der Liga, Tilly und Pappenheim, seiner Sache und Person dadurch so viel als möglich verpflichten, daß er dem einen das Fürstentum Kalenberg, dem andern das Fürstentum Wolfenbüttel zu verschaffen gedachte. Für sich selbst erlangte er durch einen frevelhaften Rechtsbruch Medlenburg. Die Räte des Kaisers waren zwiespältiger Meinung, ein Teil von ihnen machte darauf aufmerksam, welch böses Blut es machen würde, wenn eine Fürstenfamilie aus ihrem Jahrhunderte alten Besitz vertrieben würde, andere wollten ein Exempel statuieren und Wallenstein belohnen. Mit Hilfe des letzteren — den jesuitischen Beichtvater des Kaisers, Lamormaini, soll er bestochen haben — erreichte der Herzog seine Absicht, ohne Befragung der durch die Reichsverfassung bestellten

Abb. 60. Soldatentypen.
Nach Callot „Les exercices militaires".

Abb. 61. Feldlager mit Wagenburg und Kavalleri

Nach Joh. Jacob von Wallhausen's „Kriegskunst zu Pferde".

Urteilsfinder wurden die Mecklenburger in die Reichsacht erklärt und ihrer Lande entsetzt, Mecklenburg wurde dem Friedländer übertragen, er, der schon dem Namen nach ein Reichsfürst war, wurde unmittelbarer Reichsstand, Landesfürst mit den Befugnissen der Fürsten des heiligen römischen Reiches, er durfte fortan sein Haupt vor dem Kaiser bedecken. Sein Emporkommen erregte nicht nur gerechtfertigte Eifersucht, sondern verursachte schon Beängstigungen. „Er ist der alleinige Gebieter," schrieb der spanische Gesandte an seinen König, „und läßt dem Kaiser kaum etwas anderes als den Titel. Bei dem geringsten Widerstand gegen seine Pläne gibt es keine Sicherheit wider ihn, denn seine Naturanlage ist ebenso furchtbar wie unbeständig, da er nicht einmal sich selbst zu beherrschen weiß."

Deshalb weil Wallenstein im Besitz eines Teiles der Ostseeküste war, konnte er daran denken, einen Plan wiederaufzunehmen, den schon 1624 der spanische leitende Minister Olivarez angeregt hatte. Um den englischen und holländischen Zwischenhandel lahm zu legen, sollte mit Hilfe der Hansestädte eine spanisch-deutsche Handelscompagnie gegründet werden, zum Schutze der Schiffahrt und wohl mehr noch zum Seekrieg gegen Dänemark sollte sich die kaiserliche Flagge, „welche aus der Menschen, ja fast aus der Bücher Gedächtnis gekommen", wieder auf dem Meere sehen lassen. Die Ostsee sollte dem habsburgischen Gesamthause unterworfen werden, man erinnerte sich,

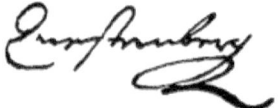

Abb. 62. Namenszug Questenbergs.
Nach Wahler: „Wallensteins letzte Tage".

daß das Herzogtum Preußen dereinst ein Ordensland gewesen, seine Restauration hätte einen neuen Stützpunkt der österreichisch-spanischen Macht geschaffen. Wallenstein wurde zum „General der ganzen kaiserlichen Schiffsarmada zu Meer wie auch des oceanischen und baltischen Meeres General" ernannt, plante einen Kanal zwischen Nord- und Ostsee, wie er in unseren Tagen vollendet wurde, zwang die Stadt Wismar zum Versprechen, Schiffe zu stellen, besetzte die Küstenstädte Mecklenburgs und Pommerns und die Insel Rügen, betrieb die Beschaffung von Schiffen und dachte daran, durch Arnim die Flotte des Schwedenkönigs, der in Preußen kämpfte, in Brand stecken zu lassen.

Das dominium maris baltici sollte der Anfang einer absoluten Universalmonarchie sein, wie sie Karl V. nicht umfassender geträumt hatte. Ganz Europa sollte vom römisch-deutschen Kaiser abhängig werden, die Dänen sollten ihren König absetzen und Ferdinand an seiner Stelle wählen, dafür versprach ihnen Wallenstein Glaubensfreiheit; ein andermal dachte er daran, daß doch in Gustaf Adolf ein nicht zu unterschätzender Gegner bliebe, und bot ihm die mit Polen streitigen Gebiete, Norwegen, ja Dänemark an, wenn er sich den spanisch-habsburgischen Bestrebungen anschlösse. Nach der Einigung des Abendlandes plante er einen großen Kriegszug gegen die Feinde der Christenheit, der Kampf gegen die Türken sollte das kaiserliche Europa von der Last der Soldateska befreien — phantastische

Abb. 63. Mansfeldischer Georgsthaler mit der Inschrift: „Bei Gott ist Rat und Thai", den die Soldaten als Amulett trugen.
Nach einem Exemplar im Königl. Münzkabinett zu Berlin.

Gedanken, von einem durch Ehrgeiz und Erfolge überreizten Hirn, jedoch nicht ohne Anknüpfung an ältere weltpolitische Pläne ausgesponnen, woran seit den Kreuzzügen kein Mangel war.

In den ersten Anfängen sollte die Ostseeherrschaft Schiffbruch leiden. Die Hansestädte, ohne die der Plan nicht ausgeführt werden konnte, folgten der Lockung nicht, aus Furcht vor England, Holland und Schweden und in der gerechtfertigten Besorgnis vor der Gefährdung ihres protestantischen Bekenntnisses. Holländische und englische Agenten bestärkten sie in ihrer ablehnenden Haltung, die Geistlichen predigten auf den Kanzeln gegen den knechtschaftsdrohenden Anschluß an Habsburg. Als Wallenstein von Stralsund, das zwar pommersche Landstadt war, zugleich aber zur Hansa gehörte, die Aufnahme einer kaiserlichen Besatzung verlangte, weigerten sich Rat und Bürgerschaft und vereinigten sich am 12. April 1628 in einem Eide, bis aus Ende bei der Augsburgischen Konfession zu verbleiben und bis zum letzten Blutstropfen zu streiten. Sie wurden von Dänemark und Schweden unterstützt, die die große Gefahr, die ihnen selbst drohte, wohl erkannten und unaufgefordert ihre Hilfe anboten. Arnim, selbst ein Lutheraner, erreichte nichts; er hätte sich gern vor Wallenstein als Sieger gebrüstet. Die Stadt aber erbat und erhielt von Christian IV. neue Hilfstruppen. An der Spitze der dänischen Offiziere stand Heinrich Holk, ein unermüdlicher, echter Soldat, uns schon aus Schlesien bekannt, der von Stralsund aus in aller Geschwindigkeit seine Brautfahrt nach Dänemark machte. Aber nun brach Wallenstein von Gitschin auf, um die Belagerung persönlich zu leiten. Über Berlin, wo er auf besondere Einladung den ihm nun benachbarten Hof besuchte und durch außergewöhnliche Liebenswürdigkeit entzückte, kam er Anfang Juli nach Pommern. Unterwegs traf ihn ein Befehl des Kaisers, die Belagerung aufzuheben, aber er gehorchte seinem Kriegsherrn nicht, die Stralsunder seien lose Buben und müßten gestraft werden. Die Fortsetzung des Kampfes trieb

Abb. 61. Die Revue. Nach Callot.

Abb. 65. Truppenanwerbung. Nach Callot „Les misères et les malheurs de la guerre".

diese aber dazu, sich Gustaf Adolf in die Arme zu werfen, ein zwanzigjähriges Bündnis mit ihm abzuschließen und schwedische Truppen in ihren Mauern aufzunehmen. Zum erstenmal erschienen Schweden im Kampfe um die Freiheit des Baltischen Meeres auf dem Boden des Reichs, zum erstenmal stand Wallenstein denen gegenüber, die seine mächtigsten und hartnäckigsten Gegner werden sollten. Hier kämpfte er zugleich gegen die Ostseeländer und gegen das freie Bürgertum, die „Canaglia". Als er von den Bürgern Geld verlangte, sollen sie geantwortet haben: „Dat hebbe wi nich," als sie eine kaiserliche Besatzung aufnehmen sollten: „Dat do wi nich," und als er sie mit Schimpfnamen traktierte: „Dat sin wi nich!" Alle Wut des Herzogs war vergebens, Stralsund (Abb. 86) müsse herunter und wenn es mit Ketten an den Himmel gefesselt wäre, soll er nach dem Bericht einer Flugschrift gesagt haben. Aber auch nicht die heftigste Kanonade zwang die Stadt zur Übergabe: da Wallenstein keine Schiffe besaß, blieb ihr Hafen frei für Ausschiffung von Proviant und Truppen, die Stralsunder hatten nicht allzu sehr unter der Belagerung zu leiden, die Kinder spielten auf der Gasse und besuchten leidlich regelmäßig die Schule. Dringende Mahnungen des Kaisers, nicht alle Hansestädte zur Empörung zu bringen, und die Gefahr, die durch eine Vereinigung Dänemarks mit Schweden drohte, veranlaßten Wallenstein, sich nach einem Verluste von über 10 000 Mann zurückzuziehen. Hier war ihm zum erstenmale Halt geboten, sein Admiralstitel sollte nicht der Ausdruck einer Wirksamkeit werden, der Plan einer Ostseeherrschaft wurde begraben.

Nach Wallensteins Abzug nahm Christian

Abb. 66. Auf dem Marsch. Nach Callot „Les misères et les malheurs de la guerre".

von Dänemark die Insel Usedom und hielt bald darauf unter dem Jubel der Bevölkerung seinen Einzug in Wolgast. Wallenstein beeilte sich der neuen Gefahr zu begegnen. Schleunigst brach er von seiner medlenburgischen Residenz Güstrow auf. Es gelang ihm, einen vollständigen Sieg über die Dänen zu erringen, Stadt und Schloß Wolgast fielen in seine Hände, Christian segelte sofort nach Kopenhagen zurück, seine Kriegslust war energisch gedämpft worden. Der Sieger gab dem Gatten seiner Schwägerin, Adam Erdmann Grafen Trzka, der sich durch die Anwerbung mehrerer Regimenter verdient gemacht hatte, den ehrenden Auftrag, die Siegesbotschaft nach Wien zu überbringen, nahm noch Rostock und die kleine Festung Krempe. Aber auch er und der Kaiser sehnten sich nach Frieden.

bens hatte Wallenstein den Zutritt zum Friedenskongreß schroff verweigert.

Nun war der Kaiser ungestört Herr im Hause, er konnte den Frieden benutzen, um die Schäden, die der Krieg verursacht hatte, zu heilen, um Ruhe und Ordnung allerorten wiederherzustellen. Aber sein einseitiger Sinn war nicht fähig, sich auf die Höhe zu erheben, die Wallenstein klugen Geistes inne hatte, der, wie Richelieu die Hugenotten in ihrer politischen Sonderstellung niederwarf, in ihrer Religionsfreiheit aber bestätigte, so nach der Überwältigung der Opposition gegen den Österreicher des Kaisers Macht zu ungeahnter Entfaltung bringen wollte, ohne den Bekenntnisstand im Reiche anzutasten.

Bei den Fürsten der Liga war aber, wie wir bereits erfahren haben, der Gedanke lebendig, über

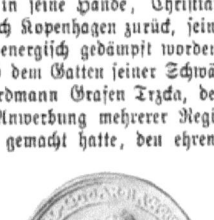
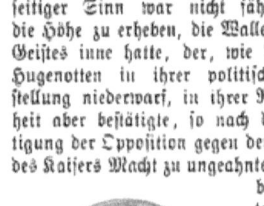

Abb. 67. Denkmünze auf Kurfürst Georg Wilhelm von Brandenburg. 1628.

Ohne eine Seemacht konnte Dänemark nicht niedergeworfen werden, eine Vereinigung Christians mit Gustaf Adolf drohte Gefahr, die lange Ostseeküste konnte nicht so besetzt werden, daß Hoffnung auf Abweisung eines Angriffs an jedem Ort vorhanden gewesen wäre. Gustaf Adolfs Krieg mit Polen bot dauernden Anlaß zur Beunruhigung, daher erlangte Christian im Frieden zu Lübeck Bedingungen, die sehr glimpflich genannt werden müssen. Alle eroberten Gebiete wurden ihm zurückgegeben, dagegen versprach er, sich in die Angelegenheiten des Reiches nur so weit zu mischen, als ihm als Herzog von Holstein zustehe, die Herzöge von Medlenburg ließ er fallen, des Pfalzgrafen geschah überhaupt keine Erwähnung. Den Gesandten Schwe-

die geistlichen Stifter nun endlich im katholischen Sinne zu entscheiden. Wallenstein sah darin eine große Gefahr, der eben beendete Krieg mußte von neuem ausbrechen, während im Norden ein Einfall Gustaf Adolfs drohte und auch in Italien die kaiserlichen Waffen engagiert waren. Doch sein Widerspruch fruchtete nichts, der Kaiser gab nur zu leicht dem Drängen der Liga nach, seinen Lieblingsgedanken auszuführen. Das Restitutionsedikt von 1629 bezeichnet die erste Niederlage des allmächtigen Friedländers. Alle seit 1552 eingezogenen mittelbaren Kirchengüter sollten zurückgegeben, alle gegen den geistlichen Vorbehalt in protestantische Hände gelangten unmittelbaren Stifter wieder mit Katholiken besetzt werden; die Religionsfreiheit der Unterthanen in geistlichen Gebieten wurde aufgehoben, und durch die Beschränkung des Religionsfriedens auf die Papisten und die Anhänger der Augsburger Konfession von 1530 wurden die Reformierten des Reichsfriedens für verlustig erklärt. Und all das ohne Befragung des Reichstages! Abgesehen von den vielen Klöstern, deren Vermögen zumeist für Schulen und Stiftungen verwendet war, sollten zwei Erzbistümer und zwölf Bistümer den Protestanten entrissen werden, eine Entwickelung von drei Menschenaltern wurde vernichtet, Rechtsverhältnisse, die durch Jahrzehnte wirksam gewesen waren, verletzt. Dem reformierten Bekenntnis waren bekanntlich die bedeutendsten Fürsten zugethan, Kurpfalz, Hessen-

in kaiserlicher Devotion zu verharren bedacht seien und er den Krieg nicht des Geldes wegen führe, sondern nur, damit die schuldige Devotion gegen den Kaiser im Reich erhalten werde. Und nun sollte gerade das völlig protestantische Erzbistum Magdeburg wieder katholisch gemacht werden! Wieder trat Wallenstein in geraden Gegensatz zum Kaiser, er versprach den Hansestädten, daß ihnen des Edikts wegen „nicht das geringste zugemutet werden solle, denn man könne den Religionsfrieden nicht also übern Haufen stoßen".

Selbst das Oberhaupt der katholischen Kirche, Urban VIII. war unzufrieden. Die geistlichen Güter wurden nämlich nicht den früheren Besitzern, den Cistercienfern, Bene-

Abb. 6. Vorder- und Rückseite eines Thalers von 1626 mit dem Bildnisse und Wappen Wallensteins.
Nach einem Exemplar im Königl. Münzkabinett zu Berlin.
Die Umschrift „Dominus protector meus" wurde nach des Herzogs Befehl auf späteren Münzen nicht mehr angebracht.

Kassel, Pfalz-Zweibrücken, Kurbrandenburg, sie alle verloren ihren Rechtszustand. Es war eine völlige Revolution, die durch dieses Edikt mit einem Federzug vollzogen war. Wallenstein erkannte das Verhängnisvolle dieser Maßregel. Er war stets bemüht gewesen, den Krieg nicht als Religionskrieg, sondern im Interesse kaiserlicher Machterhöhung zu führen. Wie würden sich seine protestantischen Offiziere zur Unterdrückung ihres Glaubens gebrauchen lassen? Die Stärkung der Kaisermacht hielt mancher für ein verdienstvolles Werk, dem er seine ganze Kraft widmete, ohne zu bedenken, daß Ferdinand ein Spielball undeutscher, jesuitisch-spanischer Einflüsse war. Diese Meinung stärkte Wallenstein geflissentlich; als Magdeburg mit Hilfe der Hansestädte dem Kaiser 200 000 Thaler zu zahlen bereit war, erließ er die Zahlung, da er sehe, daß sie

diktinern ꝛc. zurückgegeben, sondern an Jesuiten verschenkt, wenn sie der Kaiser und die Mitglieder der Liga nicht für sich behielten, um sich so für ihre Kriegskosten bezahlt zu machen. Des Papstes wurde gar nicht gedacht, und so geschah das Sonderbare, daß Urban VIII. später das siegreiche Vordringen Gustaf Adolfs als gerechte Strafe Gottes bezeichnete, weil man den wahren Besitzern ihr Eigentum nicht zurückgegeben habe.

In dem Kampfe mit den Protestanten, der nun ausbrechen mußte, hätte Ferdinand an Wallenstein einen unersetzlichen Führer seines Heeres haben können, aber er warf den Stein weg, der der Eckstein seines Hauses hätte sein sollen. Die Ausbreitung seines Heeres hatte immer von neuem den Ingrimm der deutschen Fürsten, besonders der Ligisten erregt, die Lausitzen hatte er

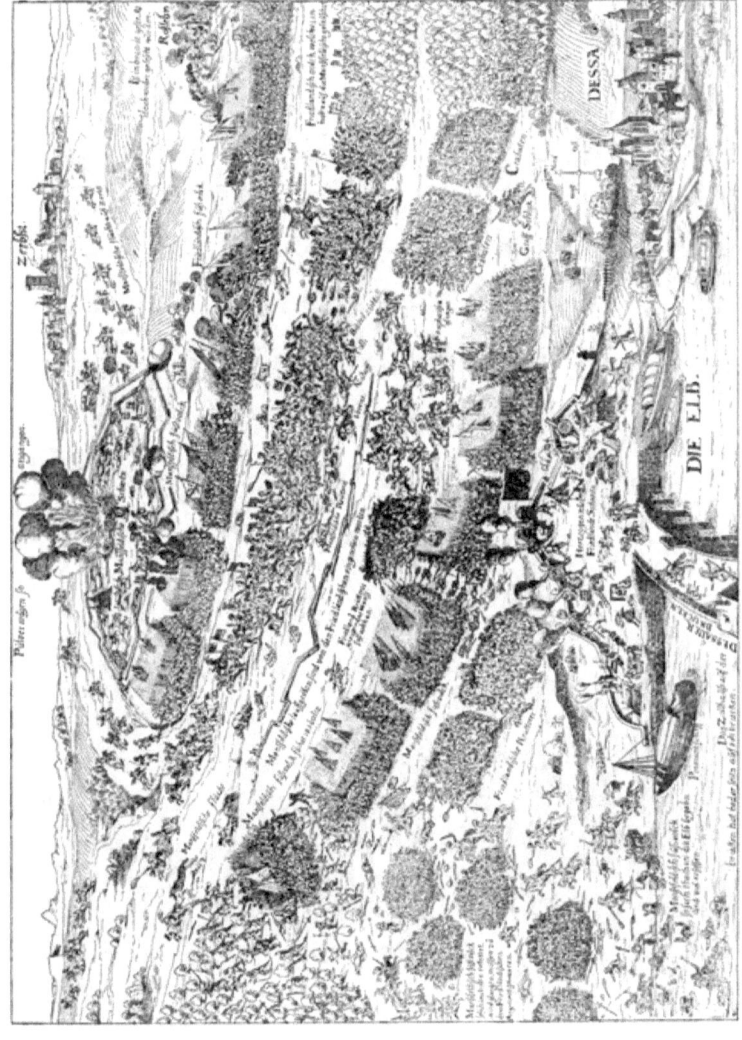

Abb. 69. Darstellung der Schlacht an der Dessauer Brücke. Einzelblatt aus dem dreißigjährigen Kriege.

besetzt, den Abzug der ligistischen Truppen aus dem schwäbischen und fränkischen Kreise verlangt, Regimenter nach Ulm und Memmingen gelegt, bis zur Eifel bedrohten seine Soldaten die Selbständigkeit der Fürsten. In Äußerungen, die aus bitterem Hasse verbreitet wurden, griff er die Daseinsberechtigung der Kurfürsten an. Daß Ferdinand seinen gleichnamigen Sohn zu seinem Nachfolger wählen lassen wollte, gab dem Friedländer Veranlassung zu sagen, „er wolle die Kurfürsten Mores lehren; sie müßten von dem Kaiser, nicht der Kaiser von ihnen abhängen; es gebühre des Kaisers Sohne die Nachfolge im Reiche ohne weiteres und es bedürfe der Wahl nicht." Man brauche Kurfürsten und Fürsten nicht; wie in Frankreich und Spanien, so solle auch in Deutschland nur ein Herr sein. Ja, der diplomatische Klatsch der Höfe raunte, Wallenstein wolle sich nach dem beschleunigten Tode Ferdinands mit Hilfe des Heeres zum Erbkönig von Deutschland und Kaiser des Westens machen. — Dieser dachte vielmehr nur zu Ferdinands Gunsten zu handeln; nicht aus dem Gefühl der Treue heraus, sondern um den Kaiser zu Dank zu verpflichten und durch seine Gnade immer höher zu steigen. Ehrgeiz und Egoismus waren die Triebfedern, die jetzt auf den unüberwindlichen Widerstand der Schwäche stoßen sollten.

Um die Hilfe des Reiches nach außen hin und die Wahl seines Sohnes zum römischen Könige zu erlangen, hatte Ferdinand einen Kurfürstentag nach Regensburg berufen. Die europäische Konstellation war in diesem Jahre 1630 wieder einmal gefährlich für das Haus Habsburg. Gustav Adolf, der im vergangenen Jahre durch die kaiserlichen Truppen in Preußen eine Schlappe erlitten hatte, war durch französische Vermittelung einen Waffenstillstand mit Polen eingegangen, der ihm freie Hand gegen den Kaiser gab. Und er hatte Grund, seine Waffen gegen seinen langjährigen Feind zu kehren, seine Verwandtschaft mit dem Pfalzgrafen und den mecklenburgischen Herzögen, die Unterstützung Polens durch Österreich und Spanien, die Gefährdung seiner Vorherrschaft in der Ostsee verlangten, daß er sich durch einen Angriff verteidige. Weil die Religion dazumal ein politischer Faktor war, weil er seines evangelischen Bekenntnisses wegen von dem katholischen Vetter und dem Kaiser bekämpft wurde, weil Schweden nach einem etwaigen Siege des Königs von Polen wieder katholisch gemacht werden sollte, war Gustav Adolf der natürliche Verbündete der durch das Restitutionsedikt bedrängten deutschen Fürsten. War nach der Durchführung des Ediktes die kaiserliche Macht in Norddeutschland gefestigt, so mußte er dauernder Kämpfe um den Ostseehandel gewärtig sein. Wallenstein fürchtete deshalb bereits seit geraumer Zeit einen Einfall des Schweden in Deutschland, wo er in Stralsund schon einen

Abb. 70. Rüstung Wallensteins in der Erbach-Erbach- und Wartenberg-Rothischen Sammlung im Schlosse zu Erbach.
(Nach einer Photographie von A. T. Holzhäuser in Michelstadt im Odenwald.)

wichtigen Stütz-
punkt besaß.
 Aber auch ka-
tholische Mächte
standen im Kam-
pfe mit Habs-
burg. Das er-
ledigte Reichs-
lehen Mantua
hatte an den Her-

Abb. 71. Soldatentypen.
Nach Callot „Les exercices militaires".

hätte; von Mem-
mingen aus, wo
er seit Anfang
Juni weilte,
hätte er in ra-
schem Zuge Bay-
ern gewinnen
können. Aber
des Kaisers
schwacher Geist

zog von Nevers zu fallen, aber Spanien und Österreich vereinigten ihre Waffen gegen ihn, und Papst Urban VIII. (Abb. 87), der, in die Fesseln des Kirchenstaates gebannt, Territorialpolitik trieb und jede Aus- dehnung Habsburgs fürchtete, rief gegen den Kaiser, der in Deutschland der eifrigste Vorfechter seiner geistigen Herrschaft war, in Italien den König von Frankreich zu Hilfe. Wallenstein drohte dem Nuntius Rocci mit einer Wiederholung der Plünde- rung Roms von 1527; sarkastisch bemerkte er, damals hätten sich unter der Beute etwa 600 silberne Becken vorgefunden, aber heute würden es deren mehr als 60 000 sein. In dem Friedländer sahen die Gegner im Reiche und außerhalb die Stütze der Über- macht Habsburgs und die Seele seiner Politik; stürzten sie ihn, so war des Kaisers Macht hinfällig.

Die kaiserliche Bitte um Hilfe beant- worteten die Kurfürsten mit der Forderung einer Verminderung des Heeres und der Absetzung Wallensteins. Willigte der Kaiser nicht ein, so erwuchsen ihm die Fürsten der Liga als neue Gegner. Wallenstein war nicht im Zweifel, was er zu thun

bangte vor der Höhe, die sein Feldhauptmann ihm ersehen hatte, die Unmöglichkeit, die Wahl seines Sohnes durchzusetzen, wenn er den Kurfürsten nicht zu Willen war, das kläg- liche Gutachten seiner Geheimen Räte, der drohende Übergang Bayerns zu Frankreich, das schon Rheinbundsgedanken offenbarte, veranlaßten ihn trotz des Abratens des spanischen Gesandten, der allein für die Bewahrung der wichtigsten Stütze des Hauses Habsburg eintrat, Wallenstein abzusetzen und sein Heer auf 39 000 Mann zu be- schränken. Den Ausschlag gab sein Beicht- vater Lamormaini, der in päpstlichem Auf- trag bei seinem Beichtkind die Selbstver- stümmelung durchsetzte. Am 13. August sprach Ferdinand seinen Entschluß aus, der Kanzler Werdenberg und Questenberg wurden beauftragt, ihn Wallenstein in Memmingen mitzuteilen.

Ohne Widerrede empfing dieser seine Ent- lassung, ruhig verließ er das Heer, ohne es gegen den Kurfürstentag zu führen. Er ahnte, daß er noch gebraucht werden würde. Gustav Adolf war bereits in Deutschland gelandet.

Der Kaiser stieg von seiner majestätischen Höhe herab und trat auf dasselbe Niveau, wo

Abb. 72. Erschießung Verurteilter. Nach Callot „Les misères et les malheurs de la guerre".
Schulz, Wallenstein.

die übrigen Reichsfürsten standen. Tilly, der Feldherr Maximilians von Bayern, wurde nun Befehlshaber des verminderten kaiserlichen Heeres, des Kaisers stolze Selbständigkeit hörte auf. Ferdinand wurde seinem, wenn auch nicht getreusten, so doch verdienstvollsten Kämpen untreu, er gab ihn auf, beraubte sich seines Kopfes, beging politischen Selbstmord. Gestützt auf ein vaterlandsloses Kriegsvolk, das aus allen Nationen bunt zusammengewürfelt in den deutschen Landen nur den Boden für die eigene Bereicherung, für die Befriedigung seiner Begierden, nur den Spielraum seiner Willkür sah, hatte Wallenstein die Kaiserhoheit im Teutschen Reiche herzustellen versucht im Kampfe gegen das Reich, gegen Fürsten und Volk, nicht zu Gunsten der Allgemeinheit, sondern eines dem Teutschtum von Jugend her fremden Einzelnen, — nun stieß ihn dieser von sich.

Wallenstein war in seiner Thätigkeit nunmehr auf seine Besitzungen beschränkt. Er war größer als Heeresorganisator denn als Feldherr, am größten aber in der Fürsorge für seine Lande. Bei seinem nie

Abb. 73. Soldatenüben.
Nach Callot „Les exercices militaires".

zu befriedigenden Triebe zu schaffen und zu gestalten stand ihm die Fähigkeit zu Gebote, über dem Einzelnen nicht das Allgemeine und über dem Ganzen nicht das Einzelne zu vernachlässigen. Unausgesetzt, während der Kriegszüge, vor entscheidenden Aktionen hatte er Verfügungen im Interesse der Verwaltung erlassen, seine Briefe an seinen Landeshauptmann in Böhmen, Gerhard von Taxis, überstürzten sich. In Medlenburg beseitigte er schnell Übelstände, die sein Vorgänger Herzog Adolf Friedrich bereits seit zehn Jahren ohne Erfolg abzustellen bemüht gewesen war, und hier, wo er Reichsstand war, erfaßte auch ihn im Gegensatze zu seinem sonstigen Thun der Gedanke der Libertät, das Streben nach Unabhängigkeit von Kaiser und Reich; er bemühte sich um das Recht der Inappellabilität von seinen Gerichten, der Reichsfürst lockerte seine Beziehungen zum Reich. Er, der durch ein Heer, wie es Spanien und Frankreich nicht besaßen, die Kaisergewalt über die Territorialherrn erhöhen wollte, suchte, als er selbst Landesherr geworden war, die Vorrechte dieser Stellung

Abb. 74. Das Feldlager am Fluß. Gemälde von Ph. Wouwermann in der Königl. Galerie zu Dresden.
(Nach einer Photographie von J. & C. Brockmanns Nachf. R. Tamme in Dresden.)

zu wahren und zu stärken. Nun war ihm zwar in Regensburg die Anerkennung als Herzog von Mecklenburg durch die Kurfürsten nicht geworden, und sein neues Herzogtum wurde bald von den Schweden besetzt, seine Besitzungen in den Erblanden aber blieben ihm, und diese wurden durch seine umsichtige und sorgsame Verwaltung ein Muster für alle Dynasten, ja ein Gegenstand des Neides. „Invita invidia" war des Friedländers Devise, „dem Neide zum Trotz!"

Aus 64 vormals selbständigen Herrschaften bestand schließlich sein Herzogtum Friedland; Gitschin und Reichenberg, Weißwasser und Hühnerwasser, Münchengrätz, Groß-Skal, Aicha, Wartenberg, Neuschloß und Leipa u. a. gehörten dazu, es erstreckte sich in Wahrheit „bis an den Fuß der Riesenberge hin". Hier regierte er „im Namen des Allerhöchsten", seine Residenz sollte das teilweise tschechische Gitschin sein, die deutsche Stadt Friedland (Abb. 90, 91) aber gab der Herrschaft den Namen. Unter seinem Landeshauptmann standen die Kammer mit einem Kammerpräsidenten und — für die juristischen Angelegenheiten — die Kanzlei mit einem Kanzler an der Spitze. Auf jeder einzelnen Herrschaft vereinigte ein Hauptmann Verwaltung und Gerichtspflege in seiner Hand. Obwohl selbst Tscheche, bemühte sich Wallenstein, der überlegenen deutschen Kultur weitere Verbreitung zu geben. Er wies seinen Landeshauptmann an: „Auch müßt ihr zu der Kanzelei einen deutschen Secretari haben, dieweil ich nicht will, daß bei der Kanzelei was böhmisch sollte tractirt werden." Bis auf Stallrapport und Futterzettel mußte alles in deutscher Sprache geschrieben sein. Als er einige Pagen brauchte, schrieb er, er wollte nicht gern tölpische böhmische Janku (Hänse) nehmen, auch den Polen war er nicht zugethan, „wenn diese Nation siehet, daß einer nachgibt oder ihrer von nöthen hat, so seyn sie insuportabili." In zahllosen Verfügungen berücksichtigt er selbst die geringfügigsten Dinge, wenn ihm eine Sache besonders am Herzen lag, in fast bittendem Tone, manchmal auch voll Härte, mit dem Zusatz: „Wofern anders ihr nicht wollet, daß ich zuförderst den Hauptleuten und nachher euch die Köpf abschlagen lasse." Wie aber ein Zeitgenosse berichtet, hat

Abb. 75. Vorder- und Rückseite einer Medaille auf Eggenberg.
Nach einem Exemplar im K. K. Münzkabinet zu Wien.

Wallenstein, solange er Herr von Gitschin gewesen ist, nur einen Unterthan, einen Wilddieb, hängen lassen. In seinen Briefen werden die Ernährung der jungen Schweine, die Pflege der Schafe, die Heilung kranker Hühner, die Einbringung von Heu und Grummet für seine Fohlen, die Besorgung von rotem Veltliner Wein, den er allein trank, von Weizenbier, die Straßenreinigung, die Erziehung adeliger Knaben und hunderterlei Angelegenheiten begutachtet. Besondere Sorgfalt verlangte er bei der Pferdezucht. „dann mir mehr an einem Fohlen, als an zween Meyerhöfen gelegen ist", schrieb er in Memmingen, während in Regensburg über seine Absetzung verhandelt wurde.

In allen seinen Gebieten suchte er den Katholicismus zur Herrschaft zu bringen, wenn er auch selbst als Atheist verschrieen war. Daß er dies aber nur that, soweit seine landesväterlichen Interessen nicht litten, haben wir früher gesehen. Aber auch seine Stellung als Landesherr durfte durch einen vaterlandslosen Klerus nicht geschädigt werden. Als die Jesuiten des von ihm gestifteten Kollegiums in Gitschin sich seiner Oberherrlichkeit entziehen wollten, schrieb er an Taxis: „Werden's die Jesuiter gut machen, so werden sie's gut haben. Ich begehre ihre Impertinenzen nicht mit brachio seculari (dem weltlichen Arm) zu defendiren, denn ihre Exorbitanzen sind unerträglich"; er mahnt, sich von den Jesuiten nicht an der Nase führen zu lassen: „Könnte ich

angelegenheiten mit ihm verhandeln sollte, verabschiedete er ihn auf der Stelle und erklärte, er halte es für wenig anständig, daß der sehr katholische König sich in weltlichen Angelegenheiten solcher Personen bediene, die der Welt entsagt hätten.

Bleibende Zeugnisse von Wallensteins landesfürstlicher Thätigkeit verdanken wir seiner unermüdlichen, prachtliebenden Baulust, die ihn mitten im Kriege zu Bauten trieb, wie sie sonst nur die Ruhe glanzvollen Friedens erlaubt. Auf dem Berge Bösig begann er einen Klosterbau, in Weißwasser schuf er Augustinermönchen ein Heim, in Prag baute er das vielberühmte Friedländer Haus auf der Kleinseite am Fuße

Abb. 76. Die Vollstreckung des Todesurteils. Nach Callot „Les misères et les malheurs de la guerre".

mit 100000 Gulden der Fundation, so ich ihnen gethan hab, ledig werden, so thät ich's gewiß." Mit scharfen Worten hat er die Verkommenheit und Habsucht des Klerus gegeißelt, „je mehr sie haben, je mehr sie haben wollen", unter dem Vorwande der Armut besäßen sie den größten Reichtum. Er hat bei seinen reichen Stiftungen trübe Erfahrungen mit der Geistlichkeit gemacht; als die Kartäuser immer mehr Dörfer und Teiche begehrten, aber nichts erlangten, zogen sie weg, in der Meinung, großes Verlangen nach ihnen zurückzulassen. Aber Wallenstein kassierte kaltblütig die ganze Stiftung, so daß sie nun um Wiederaufnahme betteln. Voll Sarkasmus sprach er über die politische Thätigkeit von Geistlichen. Als ein Ordensbruder in spanischem Auftrage über Kriegs-

der königlichen Burg auf dem Hradschin durch seinen italienischen Baumeister Andreas Spezza, den er so schätzte, daß er nach dessen Tode den hinterlassenen zwei Söhnen auf Lebenszeit das Gehalt des Vaters anwies. Die größte Zierde des Hauses ist die Loggia, eine hohe, prächtige Säulenhalle, die den Palastbau nach dem Garten zu abschließt. In großartigem Maßstab und besonders schönen architektonischen Verhältnissen erbaut rühmt sie ihren Meister Spezza. Ihre Wölbungen wurden mit lebensgroßen, farbenreichen Darstellungen aus dem trojanischen Kriege geschmückt. Aus der Halle blickte man in den Garten; „gleich in der Mitten auf dem Plätzel vor der Loga muß ein großmächtige Fontana seyn," hatte Wallenstein befohlen, prächtige Wasserkünste wurden eingerichtet, Bronzefiguren von

Abb. 77. Plündernde Soldaten. Nach Callot „Les misères et les malheurs de la guerre".

Adrian de Vries aufgestellt, — jetzt größtenteils im Parke von Drottningholm in Schweden — ein mächtiges Vogelhaus mit bizarren Tropfsteinimitationen, eine Badegrotte aus Stalaktiten, mit kostbaren Krystallen, Muscheln ꝛc. reich ausgestattet, wurden angelegt (Abb. 93, 94). Und dies Haus war doch nur ein Absteigequartier in der Hauptstadt des Königtums; die Residenz seines Fürstentums, Gitschin, ist in Schloß und Stadt sein eigenstes Werk.

Als er seinen Besitz antrat, zählte man in Gitschin 198 Bürgerhäuser, die er sogleich zu vermehren beschloß. Durch Belohnung und Begünstigung jeder Art zog er Handwerker dorthin, so daß viele Familien aus den benachbarten Landen, dem Reiche, Frankreich und Holland, einwanderten. Zunächst dachte er ein großes Kollegium der Gesellschaft Jesu, eine Kirche zu St. Jakob und eine Lateinschule zu bauen. Dann erwirkte er vom Kaiser eine Vollmacht zur Errichtung eines eigenen Bistums in Gitschin, das aber nicht verwirklicht wurde. Eifrig war er bemüht, Industrie und Handel zu heben. Er befahl Anlegung von Pulvermühlen, Anpflanzung von Maulbeerbäumen zur Einführung der Seidenkultur, „denn das wird ein großes Einkommen bringen". Bier mußte von den Unterthanen bei Leibesstrafe aus den fürstlichen Brauereien bezogen werden, aber der Herzog befahl auch, daß die Bierausschenker den Preis nicht zu hoch stellten, „damit der arme Mann seine Notdurft um ein leidentliches haben könne". Endlich begann er auch den Bau eines „Palatium" in demselben Stil wie das Prager Haus,

Abb. 78. Ausraubung einer Kirche. Nach Callot „Les misères et les malheurs de la guerre".

nur ist es nicht völlig beendet worden. Prunkvolle Stallungen für seine Leibrosse und ein Schloßhof, ein Arkadenbau von drei Stockwerken mit Säulenreihen, zeugen noch von den Absichten des Erbauers. Dazu baute er ein Seminar, eine zweite Kirche, ein Kapuziner-, ein Dominikaner- und ein Karmeliterkloster, aber nicht genug damit, neben der Altstadt Gitschin sollten noch ganz neue Stadtteile entstehen; der Nachfolger Spezzas, Niccolo Sebregondi, zeichnete einen Plan für diese neue Stadt, an fünfhundert Häuser sollten erbaut werden, und zwar alle mit Ziegeldächern, Schindeldächer sollten abgeschafft werden. „Mit Furia" sollten Baumaterialien herbeigefahren werden. Alle Markthäuser bekamen steinerne Giebel, vor den Häusern wurden Laubengänge errichtet, 4000 bis 5000 Leute waren eifrig beschäftigt und gut bezahlt. Dieses Gewühl arbeitender Menschen mußte von der Höhe des Welischer Berges aus gesehen ein lebendiges Schauspiel gewähren, und ein Edelknabe des Herzogs, der es oftmals genoß, fühlte sich lebhaft an Vergils Schilderung von Bau der Stadt Karthago erinnert. Durch Errichtung einer deutschen Hochschule sollte hier ein geistiger Mittelpunkt geschaffen werden, ein kaiserliches Privileg wurde erwirkt und Unterhandlungen wurden angeknüpft, um hervorragende Männer zu gewinnen.

Zu Erziehung und Unterricht seiner Edelknaben war besonders die Gitschiner Schule bestimmt. Bei der Auswahl der aufzunehmenden Zöglinge verfuhr der Herzog streng: denn „man thut oft grobe Bengel hinein und ist alles an ihnen verloren." Einzelheiten des Unterrichts lagen ihm am Herzen. „Die Knaben, so ich studieren laß, befleißigt euch auch, daß sie die wälsche Sprach lernen. Die Musicam vor allem will ich wohl, daß sie lernen, aber nicht publice exerciren." Zu Leipa gründete er auch ein Gymnasium und befahl den Bürgern, ihre Söhne, die auswärtige Schulen besuchten, bei seinem Hauptmann für die neue Anstalt anzumelden.

Bei der Gründung der Kartause Waldiz ließ er eigens geprägte Münzen unter das Volk auswerfen. Auch in Sagan begann er ein Schloß zu bauen. Überall war er darauf bedacht, durch Garten- und Parkanlagen, durch Tiergärten die Landschaft zu beleben. Vor allen Bäumen liebte er die Linde, im Garten von Obelnitz ließ er „zwei Wäldlein von Lindenbäumen", von dort nach Gitschin eine vierfache Lindenallee anlegen. Es solle darauf gehalten werden, „daß sie gerade über sich wachsen und eine schöne Vista geben mögen, auch sollen Wächter angestellt werden, damit die Linden von den vollen, aus der Stadt kommenden Leuten nicht verderbet werden." Im Gebirge wurden die alten Bergwerke sorgfältig untersucht und, wo Ausbeute zu erhoffen war, der Abbau wieder begonnen. Das Münzrecht wurde in Gitschin und Sagan ausgeübt. Wallenstein verlangte, daß jährlich 12000 Dukaten geprägt würden; „wenn ich Schaden davon leiden soll, so will ich mich nicht irren lassen; ich thue es nicht des Nutzens, sondern der Reputation wegen."

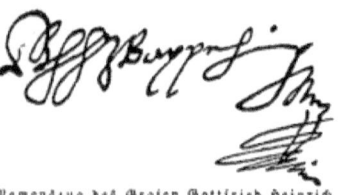

Namenszug des Grafen Gottfried Heinrich von Pappenheim. 1619.

Dafür, daß das Geld unter die Leute kam, war durch die Lieferungen gesorgt, die seine Handwerker für das Heer zu machen hatten. Und um sein Herzogtum politisch von der Krone Böhmen zu lösen, gab er ihm eine ständische Verfassung!

Bezog Wallenstein eins seiner Schlösser, so waren umfassende Vorbereitungen nötig, denn sein Hofstaat war sehr groß. Er bestand z. B. 1633 aus 899 Personen und 1072 Pferden, das täglich nötige Quantum Fleisch betrug 1798 Pfund, mindestens ebensoviel Maß Bier wurden getrunken, der Monatssold betrug im Dezember 1630 die Summe von 4673 fl., die Gesamtausgabe des Rentamtes für Gitschin für 1630 über 245 600 fl. Der Irländer Thomas Carve, Feldkaplan von Deveroux, dem Mörder Wallensteins, erzählt, daß der Herzog in seinen Vorzimmern fünfzig fürstlich gekleidete Trabanten hielt, mehrere Kammerherren warteten auf den Dienst. Noch

Seine krankhafte Zurückgezogenheit.

Abb. 79. Gottfried Heinrich Graf von Pappenheim.
Gemalt von Van Dyck, gestochen von C. Galle.

zehn andere Trabanten mußten hin und wieder auf den Gassen und Straßen umgehen, zu verhüten, daß Getümmel oder Zänkerei entstünde und dem hochgradig nervösen Fürsten zu Ohren käme. „Es ist unglaublich, wie ungern er einen Tumult um sich gelitten, ja er konnte nicht hören, daß etwa ein Spatz zu laut geschrieen." Bei der Mittagstafel erschien Wallenstein in den letzten Jahren nicht, obwohl er seine Generale und Offiziere einlud. Stets war er freigebig, belohnte jede gelungene Kriegsthat, aber kalt schloß er sich vom persönlichen Verkehr ab, unnahbar und einsam lebte er unter seinen Untergebenen.

Wer ahnt die Gedanken, die seinen Geist durchzogen?

„Der Geist ist nicht zu fassen wie ein andrer.
Wie er sein Schicksal an die Sterne knüpft,
So gleicht er ihnen auch in wunderbarer
Geheimer, ewig unbegriffner Bahn."

Abb. 80. Kurfürst Maximilian. Nach dem Denkmal von Thorwaldsen auf dem Wittelsbacherplatz in München.

Sicher, der Grimm gegen den Kaiser, der Wunsch, an dem, der ihn so schmählich beleidigt hatte, Rache zu nehmen, waren stark in ihm vorherrschend. Äußerungen, die er noch nach Jahren gethan hat, lassen das Feuer des Hasses, das ihn verzehrte, durchleuchten. Aber wer war er, was war er, um seine Gedanken in Thaten umzusetzen? Rastlos schweifte sein Geist in den ihm wohlvertrauten Gebieten der europäischen Politik umher. Als er sich noch auf die kaiserliche Autorität stützen konnte, da verfolgte er unverrückbar das Ziel, das vor seinem Auge schwebte, mit allen Mitteln suchte er es zu erreichen, da war er wahrhaft groß in seiner Konsequenz und eiserner Thatkraft.

Aber der Kaiser hatte das Ziel verleugnet, ihn selbst verworfen, und ohne des Kaisers schützenden und stärkenden Namen war er nichts; tastend und unsicher stand er in dem Strom der Ereignisse, dessen Richtung er nicht beeinflussen konnte. Sein nächstes Streben mußte sein, wieder eine Macht zu werden, nicht eine politische Null zu bleiben zur Freude und zum Spott seiner Gegner. Aber wie sollte er das erreichen? Sein Herzogtum Mecklenburg war bald in Feindeshand, seine Besitzungen in Böhmen waren konfisziertes Gut, und jenseits des Erzgebirges, in Kursachsen, weilten zahlreiche böhmische Emigranten, bemüht, wenn der Stern des Kaisers sinken sollte, sich ihrer alten Besitzungen wieder zu bemäch-

Albrecht von Wallenstein.
Nach dem in Eger befindlichen Gemälde, angeblich von van Dyck.

tigen. Wallensteins Existenz war in ihren Grundlagen bedroht, wenn ihn des Kaisers siegreiche Feinde machtlos treffen sollten.

Gustaf Adolf, „der Schneekönig", wie er spottweise genannt wurde, war schon vor Wallensteins Absetzung in Pommern gelandet. In lässigem Spott sagte Kaiser Ferdinand auf die Kunde davon: „Da haben wir halt a Kriegl mehr." Aber die Geringschätzung sollte sich bald in Achtung, ja in Schrecken verwandeln. Die neue Großmacht trat gewichtig in die deutschen Lande, ungerufen und selbst den protestantischen Fürsten zunächst unerwünscht. Diese hätten als nationale Mittelpartei sich gegen die Ausführung des Restitutionsediktes wappnen und anderseits den fremden Eindringling vom deutschen Boden vertreiben sollen, sie thaten weder das eine noch das andere und wurden von Gustaf Adolf gezwungen, auf seine Seite zu treten. Pommern und Mecklenburg wurden genommen, und, unerhört, in einem Winterfeldzuge die Kaiserlichen an der unteren Oder geschlagen. Da merkten auch die stumpf gewordenen deutschen Protestanten auf, doch fand sich noch kein Bundesgenosse, Kurbrandenburg und Kursachsen verhielten sich ablehnend. Aber der allerchristlichste König von Frankreich, der Verbündete des Papstes, und Kardinal Richelieu sahen in dem protestantischen Schwedenkönig eine willkommene Hilfe für ihre antihabsburgischen Pläne und unterstützten ihn nach Abschluß des Alliancetraktats von Bärwalde mit Geld, das sein Heimatland ihm nicht liefern konnte. Dafür versprach er, die römische Kirche nicht an zugreifen und mit der Liga Freundschaft zu halten, wenn sie sich nicht feindlich erweise, sein Augenmerk nur zu richten auf Sicherung der Ostsee und des Handels und Wiederherstellung der unterdrückten Stände. Er beabsichtigte Magdeburg, das von Tilly und Pappenheim belagert wurde, zu entsetzen, mußte aber dazu Brandenburgs und Sachsens sicher sein, die nicht gewagt hatten, Partei zu ergreifen. Während er mit ihnen verhandelte, wurde die bewährte Veste des Protestantismus erstürmt und ging in Flammen auf. Gustaf Adolf zog nun mit seinen Kanonen vor Berlin und zwang den Kurfürsten zum Bündnis, Kursachsen konnte sich aber immer noch nicht entschließen. Der Kaiser verlangte von Sachsen Ausführung des Restitutionsedikts und Kampf gegen den Schweden und ließ, als er keinen Entscheid bekam, Tilly in das Land Johann Georgs einfallen, das Unklügste, was er thun konnte, denn so trieb er den Kurfürsten zum Anschluß an Gustaf Adolf. Beide vereinigt, wenn auch die Sachsen am Siege unschuldig waren, gaben in der Schlacht von Breitenfeld am 17. September 1631 die Antwort auf die Schlacht auf dem Weißen Berge: Tilly wurde geschlagen, das Heer vernichtet, den Siegern stand kein

Abb. 81. Vorder- und Rückseite eines Thalers vom Jahre 1629.

Hindernis auf dem Wege nach Wien entgegen, die Protestanten begrüßten den „Löwen aus Mitternacht" als ihren Retter.

Wallenstein hatte mit Genugthuung den Gang der Ereignisse verfolgt. Wollte er sich und seinen Besitz sichern, eine Rolle spielen und Rache nehmen, so brauchte er ein Heer; er mußte also entweder beim Kaiser oder bei Gustaf Adolf Anschluß suchen. Die Wahl war ihm vorgezeichnet, auf der einen Seite entlassen, mußte er auf der anderen freudig begrüßt werden. Zwar war sein Verhältnis zum Kaiser äußerlich gut; dieser, der ihn ja doch nur ungern hatte fallen lassen, befragte ihn mehrfach um sein Gutachten, und Wallenstein entsprach der Bitte, vergaß ihm aber den Affront nie, ihm, „der mehr auf der Pfaffen Geschwätz, als auf die Konservation seiner kaiserlichen Reputation achtete". Schon im November 1630 hatte Gustaf Adolf ein Schreiben an ihn gerichtet, wohl eine Kondolenz zu seiner Entlassung, es ist nicht erhalten. Und, leicht begreiflich, aber sehr zu beklagen ist es, daß Wallenstein grundsätzlich in den letzten Jahren der Feder so gut wie nichts von größerer Wichtigkeit anvertraut, am wenigsten etwas Schriftliches, das ihn hätte kompromittieren können, von sich gegeben hat. Wir bekommen über seine Pläne und Verhandlungen nur durch andere Kunde. Und so erfahren wir denn, daß, als am 16. Februar 1631 in Lpotschna, einem Schlosse bei Königgrätz, das dem Grafen Trczka, dem Gatten einer Schwester der Herzogin von Friedland, gehörte, Kindtaufe gefeiert wurde und Wallenstein anwesend war, Trczka einem böhmischen Exulanten Jaroslaw Sezyma Raschin von Riesenburg, den er zu sich nach Böhmen gebeten hatte, die Mitteilung machte, der Herzog von Friedland dürfte wohl von den Gegnern zu gewinnen sein, wenn diese mit Verhandlungen begönnen. Aber Wallenstein begab sich bald darauf zur Feier der Hochzeit Ferdinands III., des Königs von Ungarn, mit Maria Anna von Spanien, und Raschin begleitete ihn. Am 17. Mai for-

Abb. 82. Stralsund. Aus dem „Theatrum Europeum".

derte Trczka denselben in seiner Besitzung Timokur und zwar, wie er sagte, in Wallensteins Auftrage, auf, sich wegen dieser Angelegenheit zu dem uns bekannten Hauptrebellen, dem Grafen Thurn, zu begeben: der Herzog sei ein großer Herr, habe bei den Soldaten große Liebe und sei alles an ihm gelegen. Thurn eilte mit dem Boten, der ihn in Berlin traf, sofort zu Gustaf Adolf nach Spandau und erregte dessen höchstes Erstaunen. Am 18. Juni war Raschin wieder in Prag und hatte, wie er sagt, zum erstenmale eine Audienz bei Wallenstein, der geäußert habe, der Kaiser habe ihm das Generalat angeboten, er werde es aber nicht annehmen, selbst wenn er dadurch aus der Hölle erlöst werden könnte. Vielmehr werde er für den König alles thun, wenn er seine Zeit und gute Gelegenheit sehen werde, denn er könne in so wichtigen Sachen nicht so plump hineintappen. Trczka bat um ein Schreiben des Königs an den Herzog zu besserer

Abb. 83. Vorder- und Rückseite eines Zwölfdukatenstückes vom Jahre 1629 mit dem Bildnis Wallensteins.

Beglaubigung der Verhandlungen. Diesmal trafen Thurn und Raschin Gustaf Adolf in Tangermünde, wo er den gewünschten Brief schrieb, der leider nicht bekannt, dessen Existenz aber beglaubigt ist. Vorsichtigerweise gab Wallenstein keine schriftliche Antwort, die Verhandlungen wurden fortgesetzt, Gustaf Adolf versprach ihm 10 000–12 000 Mann mit Artillerie unter Thurn nach Böhmen zu schicken. Ob Wallenstein darum gebeten hat oder ob der König aus eigener Initiative handelte, können wir nicht entscheiden. Er war auch bereit, ihn zum Vicekönig von Böhmen zu machen — als eigentlichen König erkannte er ja den Pfalzgrafen bei Rhein an — Wallenstein aber stellte seine Belohnung in Gustaf Adolfs Belieben; hätte er sein Anerbieten schon jetzt angenommen, so wäre der Bruch mit dem Hause Habsburg unwiderruflich gewesen.

Zu gleicher Zeit beabsichtigten die böhmischen Emigranten, deren bedeutendste im

Abb. 84. Ansicht von Stralsund vom Frankenthor aus.
Nach einem Gemälde im Besitz der Stadt Stralsund.

Abb. 85. Wolgast und sein Schloß. Aus dem „Theatrum Europeum".

Lande Meißen lebten, Truppen zu einem Einfall in Böhmen anzuwerben und dort einen protestantischen Aufstand zu erregen.

Da kam die Nachricht von der Niederlage Tillys bei Breitenfeld nach Prag. In einem Garten des Grafen Maximilian Wallenstein in Bubenetsch vor Prag sprach der Herzog zu Trczka und Raschin seine Genugthuung darüber aus: „Wann mir das begegnete, ich nähme mir selbst das Leben, aber es ist gut für uns." Sein Kopf war voll von dem Gedanken der Rache am Kaiser. Gustaf Adolf ließ er sagen, nun wäre die Zeit gekommen, Truppen zu schicken, er solle ihm auch noch sächsisches Volk geben, damit nicht etwa Sachsen einen Frieden mit dem Kaiser mache. Während Gustaf Adolf ins Reich ziehe, werde er die schlesische Armee des Kaisers unter Tiefenbach angreifen, sich Schlesiens, Böhmens und Mährens bemächtigen, bis zur Wiener Brücke vordringen und dann die Winterquartiere aufschlagen. Beim ersten starken Frost aber werde er die Donau überschreiten, Steiermark, Kärnten und Krain erobern und den Kaiser nach Welschland jagen. Jetzt sei es Zeit, daß das Haus Österreich und der König von Spanien von Grund aus verderbt würden, auch auf den Bayern habe er guten Appetit. Er solle ja mit dem Kaiser keinen Frieden machen, dieser verheiße viel, halte aber nichts.

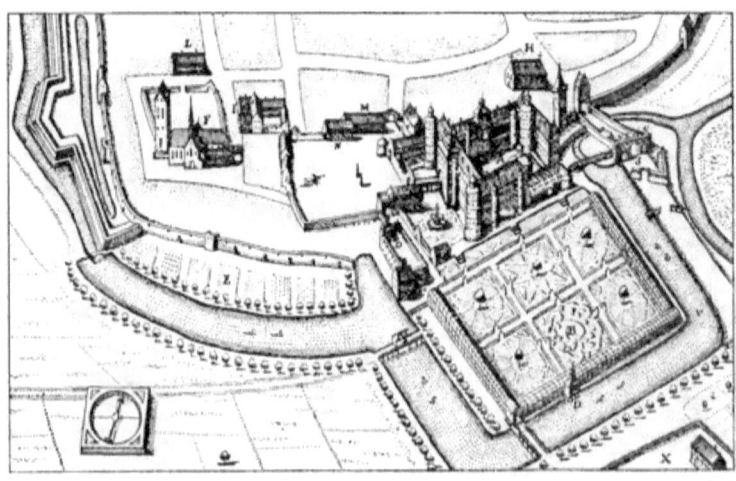

Abb. 86. Plan des Schlosses zu Güstrow in Mecklenburg.

Eben in dieser Zeit bat der Kaiser, nicht fähig und gewillt, selbst ein Heer aufzustellen und zu führen, in seiner Bedrängnis seinen ehemaligen Feldhauptmann durch Questenberg, das Generalat wieder zu übernehmen und Friedensverhandlungen mit Sachsen zu versuchen, dessen Oberstkommandierender ja sein ehemaliger Feldmarschall Arnim war.

Wallenstein stand wieder auf der Höhe der Situation, er hatte die Freiheit der Wahl. Er antwortete Questenberg, daß er den Oberbefehl nicht annehmen könne, erklärte sich aber zu Verhandlungen mit Sachsen bereit, behielt also freie Hand, bis Gustaf Adolfs Antwort eintraf, und stieß zugleich den Kaiser nicht gänzlich zurück. Ferdinand ahnte nichts von des Friedländers Beziehung zu Schweden. Dieser glaubte sich zu Verhandlungen berechtigt, da er sich als Reichsfürst fühlte, wenn er auch nicht als Herzog von Mecklenburg anerkannt war. Aber während die protestantischen Reichsfürsten durch ihre Verbindung mit den Ausländern die Verletzung der Reichskonstitutionen durch den Kaiser ahnden und verhindern wollten, deren Schutz ihnen seit Jahrhunderten zustand, konspirierte Wallenstein heimlich gegen den Kaiser, der ihn eben erst zum Reichsfürsten erhoben hatte und ihm sein volles Vertrauen schenkte.

Gustaf Adolf hätte sich nach der Schlacht von Breitenfeld befriedigt zurückziehen können, sein Zweck war erreicht, er besaß die Ostseeküste, und es war keine Aussicht, daß ihn der Kaiser in diesem Besitz stören könnte. Aber er mußte die Fürsten sichern, die sich ihm, gezwungen wie Brandenburg und Sachsen oder freiwillig wie Hessen und Bernhard von Weimar, angeschlossen hatten. Zwei Wege lagen vor ihm, der eine führte gegen die Liga, der andere nach Wien. Gustaf Adolf hielt die Liga für den stärkeren Feind und wandte sich nach Westen. Weil er fürchtete, daß Sachsen von ihm abfallen und eine dritte neutrale Partei bilden werde, sollte es den Kampf gegen das Reichsoberhaupt unmittelbar übernehmen. Als er Anfang Oktober in Schleusingen war, trafen Thurn und Raschin mit Wallensteins Forderung und Anerbieten ein. Aber nun war die Stellung des Schwedenkönigs anders geworden. Der

Abb. 87. Papst Urban VIII. Aus dem „Theatrum Europeum".

Sieger von Breitenfeld hatte den gestürzten Gegner nicht mehr nötig; es mochten ihm auch Bedenken kommen, dem Manne zu trauen, der am Kaiser zum Verräter wurde, ein instinktives Grauen mochte ihn von dem dunklen unergründlichen Manne zurückhalten, dem er durch seine Truppen eine Kraft gegeben hätte, ohne sie lenken zu können. Was dieser Kopf brütete, war sicher auch nicht zu seinem Heile. Daher empfing er die Unterhändler gar nicht in Audienz, sondern gab ihnen flüchtig den Bescheid, 10000—12000 Mann könne er nicht geben, wohl aber 1500. Kursachsen

Abb. 88. Namenszug Kaiser Ferdinands II.

solle Wallenstein mit einigen Regimentern unterstützen.

Diese geringe Truppenmacht genügte Wallenstein natürlich nicht. Er war in der glücklichen Lage, während er hier der Bittende gewesen war, anderwärts Bedingungen stellen zu können. Seine Freunde am Wiener Hofe konnten mit einer gewissen Befriedigung darauf hinweisen, daß seine Absetzung die Schuld an allem Unglück trüge. Der spanische Botschafter stellte Subsidien in Aussicht, wenn er wieder an die Spitze des Heeres gestellt würde. Aber ein Schreiben des Kaisers an Wallenstein vom 5. Mai war wirkungslos gewesen. Da die Ligisten auch jetzt gegen seine Zurückberufung waren, wurde der König von Ungarn im August vom Kaiser zum Oberbefehlshaber ernannt, aber er war zu jung und unerfahren, um nach der Schlacht auf dem Breiten Felde dem Schwedenkönig entgegengestellt zu werden, und auf Questenbergs Anfrage antwortete Wallenstein ablehnend. Nach einer Sitzung der geheimen Räte, in der das Für und Wider sehr lebhaft erwogen wurde, schrieb Ferdinand am 12. November nochmals an den Herzog die Hoffnung, daß er ihn nicht lassen werde.

Nun willigte Wallenstein ein; auf Grund seiner früheren Vollmacht hatte er Verhandlungen mit den Sachsen gepflogen, die nichts weniger bezweckten, als sie zum Kaiser hinüberzuziehen; jetzt erklärte er Ende November Arnim in einer Zusammenkunft zu Kaunitz, Graf Thurn habe das Geheimnis der Verhandlungen verletzt, einen Brief darüber ohne Chiffern geschrieben, in dem sein Name oft genannt sei, dieser Brief sei von den Kaiserlichen aufgefangen, und sein Inhalt so bekannt geworden, daß die Kinder ihn auf der Straße herumtrügen; deshalb müsse er, um sich vor dem Kaiser zu reinigen, das Generalat annehmen. Aber er fügte, wie Arnim berichtete, hinzu, er werde nichts zum Schaden des Schwedenkönigs thun oder thun lassen, vielmehr „alles dahin dirigieren, daß der kayser mit seinem ganzen hause soll schmerzlich sehen und empfinden, daß er einen Kavalier affrontiret hab".

Auffallend ist es, daß die sächsischen Truppen, deren Bestimmung war, das schlesische Heer des Kaisers unter Tiefenbach anzugreifen, statt dessen in Böhmen einfielen und selbst Prag nahmen. Daß Wallenstein dies veranlaßt habe, ist nicht nachzuweisen, es scheint, daß Arnim selbständig vorgegangen ist, aus militärischen Rücksichten, vielleicht, um den böhmischen Exulanten zuvorzukommen. Sicher aber ist, daß dieser Einfall Wallensteins Besitzungen, die von Arnim geschützt wurden, von der Gefahr der Restitution durch die Exulanten befreite und ihn selbst am Hofe im Preise steigen ließ. Den Exulanten gab Wallenstein diesen Einfall als Grund seines Übergangs zum Kaiser an und vermehrte so ihre schon vorhandene Mißstimmung gegen Sachsen. Er trieb eben weder schwedische noch sächsische, noch kaiserliche, sondern eigene Politik. Er war zu Friedensverhandlungen autorisiert, führte sie aber nicht im Sinne des Kaisers, sondern die Stellung gegenüber des Kaisers Politik einnehmend, die er schon früher innegehabt hatte. In der Kaunitzer Zusammenkunft erklärte er sich für gänzliche Aufhebung des Restitutionsedikts und für Wiederherstellung der kirchlichen und politischen Lage Deutschlands von 1618. Die Pfalz sollte ihrem Fürsten, selbst die konfiszierten böhmischen Güter sollten ihren vorigen Besitzern zurückgegeben werden. Was er für eine Entschädigung für seinen Verlust verlangt haben mag? Er wollte Böhmen als Wahlkönigreich bestätigt wissen, und ob er da nicht erwartete, daß das befreite Böhmen sein Haupt mit der Krone schmückte? Das große Ziel seiner Politik für Deutschland war der Friede, der, wie er am 26. Dezember 1631 an Arnim schrieb, wenngleich alle Länder in Asche gelegt würden, endlich einmal wiederkommen müsse. Nicht mehr die Knechtung unter dem absoluten Willen des Kaisers, sondern die Herstellung des Reiches in der alten Verfassung, mit Parität der Konfessionen und Libertät der Reichsfürsten, die in ihm einen Zuwachs erfahren sollten. Schiller läßt es ihn aussprechen:

„... Seitdem es mir so schlecht bekam,
Dem Thron zu dienen auf des Reiches Kosten,
Hab' ich vom Reich ganz anders denken lernen.
Vom Kaiser freilich hab' ich diesen Stab,
Doch führ' ich jetzt ihn als des Reiches Feldherr
Zur Wohlfahrt aller, zu des Ganzen Heil
Und nicht mehr zur Vergrößerung des einen!"

Dazu war vorerst der Kampf gegen den Fremden nötig, und daher traf Wallenstein Anfang Dezember in Znaim ein, um mit des Kaisers Abgesandten, dem Fürsten von Eggenberg (Abb. 75) und einem Grafen Harrach, die Bedingungen seines Generalats zu besprechen. Als Souverän trat er dem Kaiser gegenüber; auf die Zumutung, unter dem Könige von Ungarn als Höchstkommandierendem zu stehen, hatte er die Antwort, er pflege nicht jemandem aufzuwarten, sondern sei gewohnt, daß man ihm selbst huldige und diene. Als endlich der Kaiser auch versprach, daß sein Beichtvater ihn nicht in seinen Handlungen stören sollte, willigte er ein, bis Ende März 40 000 Mann aufzustellen und das Heer in weiteren drei Monaten auf 100 000 Mann zu erhöhen.

Der Kaiser suchte Unterstützung bei anderen katholischen Mächten und erhielt

Abb. 89. Siegel Kaiser Ferdinands II.

Abb. 90. Das Schloß zu Friedland in seiner jetzigen Gestalt.

sie von Spanien. Bayern hatte im April 1631 ein Schutzbündnis mit demselben Frankreich abgeschlossen, das Gustaf Adolf unterstützte, schloß sich aber nach ergebnislosen Verhandlungen mit dem Schwedenkönige mehr schutzbedürftig als hilfsbereit an den Kaiser an. Eine unerwartete Zurückweisung empfing aber Ferdinands Hilfsgesuch vom Papst. Die Kardinäle Pazmany und Borgia stellten diesem vor, der Krieg sei ein Religionskrieg, aber Urban entgegnete, Schweden bekämpfe nicht den Katholicismus — katholische Fürsten wären mit ihm verbündet — sondern nur die allzu große Macht Österreichs, er begrüßte in Gustaf Adolf den ersehnten Befreier von der auch ihm in Italien gefährlich drohenden Gewalt Habsburgs.

Des Kaisers einzige Hoffnung beruhte auf Wallenstein. Und der Zauber dieses Namens bewährte sich aufs glänzendste. In Scharen strömte ihm beutelustiges Kriegsvolk zu, im April war das versprochene Heer aufgestellt, alle Nationen, alle Konfessionen waren in ihm vertreten. Wenn aber Wallenstein nicht die Führung übernahm, lief es auseinander; diesem Heere fehlte das sittliche Band, das Gustaf Adolfs Armee damals noch zusammenhielt, nur die Aussicht auf Beute, die ihnen des Friedländers Ruhm verhieß, war das Bindeglied der wüsten Massen. Als dieser nun zurücktrat, da seine Aufgabe erfüllt sei, und anfragte, wem er das Heer übergeben solle, bestürmte man ihn zu bleiben. Die Ermittelung der Bedingungen, unter denen der Oberbefehl

Abb. 91. Schloßhof zu Friedland.

übernommen wurde, ist eins der schwierigsten Kapitel der Wallensteinforschung. Daraus, wie sich Wallenstein bisher gezeigt hat, ist nicht zu schließen, daß er den Feldherrnstab ohne jede Sicherstellung wieder ergriffen und die günstige Lage, in der er sich dem Kaiser gegenüber befand, nicht gut ausgenützt hätte. Wir wissen, daß sich Wallenstein und Eggenberg, trotz des Podagras, von dem beide geplagt wurden, in Göllersdorf zwischen Wien und Znaim trafen und daß dort die Entscheidung fiel; das Dokument aber, das die Bedingungen des Generalats enthielt, ist noch nicht gefunden, ja man glaubt, es hätten nur mündliche Verhandlungen stattgefunden, eine Puntation sei gar nicht aufgesetzt worden. Doch wohl mit Unrecht; wenigstens seine Rechte hat Wallenstein wohl klar und deutlich fixieren lassen. Mehrere Punkte können aus einer Reihe von Zeugnissen festgestellt werden.

Die Vollmacht zu Friedensverhandlungen mit Sachsen ist ihm in Znaim bestätigt worden, dort wird er auch den Kaiser veranlaßt haben, Sachsen die Befreiung vom Restitutionsedikt zuzugestehen, die in seinem Namen Trczka im Januar 1632 Arnim zu Aussig verkündete. Von einer unbedingten und unwiderruflichen Vollmacht

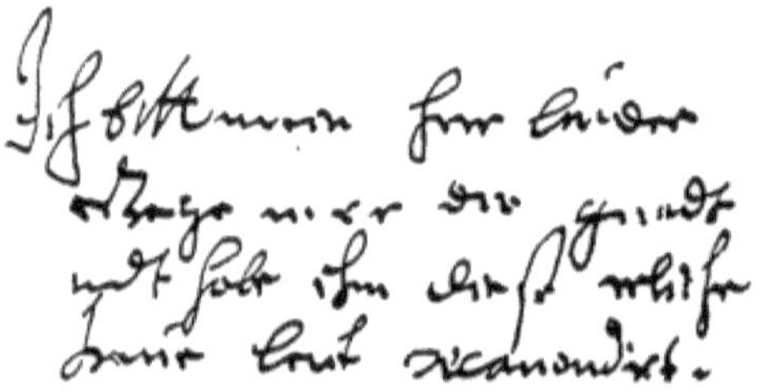

Abb. 92. Aus einem Briefe Wallensteins an den Grafen
Bratislaw von Fürstenberg, 1628:
(Ich bitt mein hert bruder erzeige mir die gnadt vndt habe ihm
diese erliche treue leut recomandirt.)

zu Friedenstraktaten, die Wallenstein für alle Zeit und für alle Fälle besessen habe, kann keine Rede sein, holte er doch selbst später in Specialfällen die kaiserliche Genehmigung ein. Aber die Verfügung über das Heer wurde ihm bedingungslos übertragen, kein Heerführer durfte im römischen Reich unabhängig von ihm kommandieren, kein General durfte ohne seine Mitwirkung Befehle direkt vom Kaiser erhalten. Der junge Ungarnkönig durfte nicht beim Heere erscheinen, die Anwesenheit eines Mitgliedes des Herrscherhauses, des kaiserlichen Sohnes, hätte ganz von selbst eine Nebenautorität geschaffen. In den eroberten Gebieten stand dem Feldherrn das Recht der Konfiskation und Begnadigung zu, er hatte hierdurch ein Mittel zur Befriedigung seiner Offiziere, gewisse Steuern und heimfallende Lehen wurden für die Bedürfnisse des Heeres ihm übertragen. Ihm persönlich schenkte der Kaiser den Betrag von einigen hunderttausend Gulden, den er der böhmischen Kammer noch für gekaufte Güter schuldete, bestätigte ihn als Reichsfürst zu Mecklenburg, übertrug ihm das schlesische Herzogtum Groß-Glogau pfandweise und versprach, ihn, falls ihm Mecklenburg dauernd entrissen bleiben sollte, durch ein anderes Reichsfürstentum zu entschädigen.

Nach einer Mitteilung des spanischen Agenten bei Wallenstein, Dr. Navarro, hätte der Kaiser ihm das erste Kurfürstentum, das er erobern würde, in Aussicht gestellt; aber die Bestätigung des Generalats auf Lebenszeit, die er verlangt hatte, um sich gegen eine Entsetzung zu schützen, ist ihm versagt worden. Doch auch ohne dies war Wallensteins Macht ganz ungeheuerlich: man sagte damals, es fehlt nur noch, daß ihn der Teufel auf die Zinne des Tempels führt.

Des Kaisers Gewalt war durch eine Nebenregierung völlig paralysiert. Und in diesem Übermaß von Machtvollkommenheit lag notwendig der Keim des Konflikts. Wallenstein leistete seinem obersten Kriegsherrn keinen Eid; er hatte sich herbeigelassen, für ihn einzutreten: wie nun, wenn sich ein Zwiespalt der Meinungen unter ihnen

Abb. 93. Das Wallensteinsche Palais in Prag.

erhob, wenn einer des anderen Politik nicht mehr billigte? Der Kaiser besaß nicht die Macht, ihn zu zwingen, denn seine Stärke war Wallenstein. In der Schwäche des Kaisers, die dieser durch die Gewährung solcher Bedingungen zeigte, lag Wallensteins Ende beschlossen.

Jetzt sollten die beiden hervorragendsten Persönlichkeiten des ganzen Krieges gegeneinander auf den Kampfplatz treten. Mit der völligen Niederlage des einen von ihnen mußte der Kampf enden, denn wie Wallenstein derb-drastisch äußerte, zwei Hähnen vertragen sich nicht auf einem Mist.

Gustaf Adolf war durch die Pfaffengasse den Main abwärts gezogen, hatte in den Rheinlanden den Winter über die stolzeste Stellung eingenommen. Im Februar 1632 brach er gegen Bayern auf. Gerade in den Tagen der Verhandlungen von Göllersdorf erzwang er von Tilly und Aldringen bei Rain den Übergang über den Lech (Abb. 103). Der greise Ligistenführer starb vierzehn Tage später an den Wunden, die er in der Schlacht empfangen hatte. Nun wurde Bayern von den Schweden erobert, der König hielt seinen Einzug in München. Wallenstein mochte seinem alten Gegner Maximilian dies Mißgeschick im stillen wohl gönnen, seine Maßregeln nötigten Gustaf Adolf aber bald, Bayern zu verlassen, doch nicht nach Wien zu ziehen, wie er beabsichtigt hatte, sondern gegen Norden.

Wallensteins nächste Aufgabe war natürlich, Böhmen von den Sachsen zu säubern; es war nicht schwer, denn die feindlichen

Abb. 94. Loggia im Wallensteinschen Palais zu Prag.

Truppen litten Mangel, waren schlecht diszipliniert und wurden von ihrem Kurfürsten nicht verstärkt. Er nahm Prag, ließ durch Holk Eger einnehmen und schickte die schlesische Armee gegen die Lausitz. Gustaf Adolf eilte zum Schutze Sachsens herbei, zugleich aber auch Maximilian von Bayern. Es gelang Wallenstein, sich mit diesem zu Weiden in der Oberpfalz zu vereinigen, einen Tag bevor Gustaf Adolf anrückte, um dies zu verhindern. Der Schwedenkönig sollte seinen Meister finden. Im ungewissen über Wallensteins Pläne und im unklaren darüber, was er selbst zunächst beginnen solle, gab er das stolze Vorrecht der Initiative aus der Hand und beschloß zu warten, alle seine selbständig thätigen Truppenteile an sich zu ziehen und zu dem Zwecke bei Nürnberg Stellung zu nehmen. Er ließ rings um die Stadt ein Lager befestigen und mit 300 Geschützen besetzen (Abb. 107). Wallenstein folgte ihm und schlug zwischen Stein und Fürth ein Lager von drittehalb Meilen Umfang auf, das in drei Tagen vollendet und durch Feldschanzen gesichert war. Seine Troßweiber sangen: „Wir haben dem Kaiser eine Schanze gebaut und haben dem Schweden den Paß verhaut." Sehr fest war die nördliche Lagerhälfte um

Abb. 95. Namenszug Wallensteins von 1628. (Des herrn dienstwilliger A. H. z. F.)

Zirndorf, mitten im Walde hatte man „einen alten Burgstall, die alte Veste genannt", besonders stark befestigt (Abb. 109). Vergebens bot Gustaf Adolf eine Schlacht an. Wallenstein hielt seine noch ungeübten Truppen im Lager zurück, er hatte den Plan, die Schweden auszuhungern. Täglich fanden Scharmützel beim Fouragieren statt, „da man sich um Lorbeeren zu schlagen keine Gelegenheit hatte, schlug man sich um Heu." Dabei wurde der kaiserliche Generalwachtmeister Sparr gefangen genommen.

Der Kurfürst von Bayern, der nun Wallenstein im Felde untergeordnet war, riet vergebens zum Angriff. Allgemein war man über die Unthätigkeit verwundert, auf feindlicher Seite schrieb man: „Es ist Hoffnung, daß Gott ihn bald ganz mit Verwirrung schlagen werde." Aber der Friedländer wußte wohl, was er wollte. In Nürnberg und im schwedischen Heer trat bald Mangel an Lebensmitteln ein, die Sterblichkeit nahm reißend zu, Leichen und Kadaver atmeten einen furchtbaren Pestgeruch aus. Auch die Kaiserlichen litten schwer, es kam darauf an, wer länger aushalten würde. Gustaf Adolf zog dauernd Truppen an sich, verminderte dadurch seine Subsistenzmittel noch mehr und trat wiederum dem Feinde, zur Schlacht aufgestellt, entgegen — aber vergeblich. Mit eiserner Zähigkeit hielt Wallenstein seine Soldateska im Lager. Da entschloß sich Gustaf Adolf zum Sturm. Am 3. September griff er das Lager an, mit unübertrefflichem Mute drangen seine Schweden an, aber mit bewundernswerter Hartnäckigkeit verteidigten sich die Kaiserlichen. Der wichtigste Punkt, der Burgstall, wurde dreimal genommen, aber dreimal wurden die Schweden wieder hinausgetrieben. Bernhard von Weimar eroberte eine Höhe, die Wallensteins gesamtes Lager beherrschte, aber in dem vom Regen aufgeweichten Boden konnten Geschütze nicht hinaufgebracht werden. Aller Todesmut konnte nichts ausrichten gegen die kalte Ruhe Wallensteins. Der erste Gang der beiden großen Gegner war beendet, Wallenstein schrieb dem Kaiser: „Der König hat sich bei dieser Impresa gewaltig die Hörner abgestoßen." Gustaf Adolf war besiegt, weil er nicht gesiegt hatte.

Da entschloß sich der Schwedenkönig, die Verhandlungen mit Wallenstein wieder anzuknüpfen. Sein Gefangener Sparr hatte Friedensvorschläge zu überbringen, die in der Hauptsache den Zusicherungen des Generalissimus an Kursachsen entsprachen, Gustaf Adolf verlangte außerdem für sich Pommern als Reichslehen, für Mecklenburg gedachte er den Friedländer durch ein aus säkularisierten Gebieten zu bildendes Herzogtum Franken zu entschädigen. Aber dieser erklärte vollkommen korrekt und loyal, „daß er mit ihm zu traktiren keine Plenipotenz hätte", und marschierte nach Norden, um den unterbrochenen

(Gustav Adolf. Gemälde von Anton van Dyck in der alten Pinakothek zu München.
Nach einer Originalphotographie von Franz Hanfstängl in München.)

Zug gegen Sachsen wieder aufzunehmen und Gustaf Adolf vom Meere abzuschneiden. Er hatte die Initiative, nicht mehr der Löwe aus Mitternacht.

Um den Kaiserlichen unter Marradas in Schlesien, die von den Sachsen weit zurückgedrängt worden waren, Luft zu schaffen, hatte Wallenstein den ehemals dänischen Oberst Holk und den vormaligen Ligisten-Oberst Graf Matthias Gallas in Sachsen einfallen lassen, die das Land in unerhörter Weise bedrückten. Gegenwehr. Überall hin schweiften sengend und brennend seine Kroaten; Weißenfels, Merseburg, Halle bis auf die Moritzburg wurden genommen. Als Pappenheim eingetroffen war, bezog das vereinigte Heer ein Lager um Weißenfels. Gustaf Adolf, der ihm gefolgt war, nahm Naumburg und lagerte dort, um sächsische Truppen aus der Gegend von Torgau und Wittenberg zu erwarten.

Der Wallensteinsche Kriegsrat in Weißen-

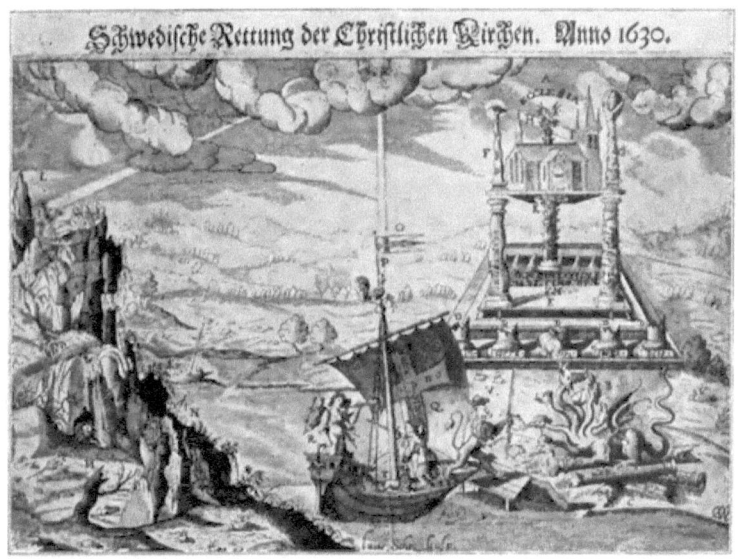

Abb. 96. Schwedische Rettung der christlichen Kirche.
Nach einem Kupferstich in der Stadtbibliothek zu Breslau.

Zu seiner Verstärkung zog er Pappenheim heran, der im nordwestlichen Deutschland mit Schweden kämpfte. Aber einige seiner Briefe wurden aufgefangen und veranlaßten die Schweden zu dem Versuch, die Vereinigung mit Pappenheim zu hindern und Sachsen zu befreien.

Doch Friedland zog über Koburg, dessen Feste er nicht erobern konnte, Hof und Altenburg, wo er sich mit Holk und Gallas vereinigte, vor Leipzig und nahm die Stadt und die Pleißenburg nach heldenmütiger fels beschloß, ihn nicht anzugreifen, sondern Winterquartiere in Sachsen zu beziehen. Man ging etwas zurück auf Leipzig zu, so daß das Hauptquartier sich in Lützen befand. Pappenheim erhielt auf sein Andringen die Erlaubnis, an die Weser zu ziehen, um von dort aus der bedrängten Stadt Köln Hilfe zu bringen, zunächst aber sollte er die Moritzburg einnehmen. Durch diese Absendung Pappenheims wurde Gustaf Adolf veranlaßt, zum Angriff überzugehen. Er zog heran, am 16. November standen sich die berühmtesten Heere und

Abb. 97. Ferdinand III. als König von Ungarn.
Aus dem „Theatrum Europeum".

die größten Heerführer ihrer Zeit zum zweiten Gange bei Lützen auf der großen Wahlstatt der Völkerschlachten alter und neuer Zeit gegenüber. In der Nacht sammelte Wallenstein seine Truppen, dem Feldmarschall Pappenheim sandte er den Befehl nach, „alles stehen und liegen zu lassen" und sofort umzukehren. Nördlich der Straße nach Leipzig stellte er sein Heer mit der Front nach Süden auf, im Centrum vier große Schlachtvierecke nach spanischer Art, „Bataillone", die Reiterei an den Flügeln, von denen sich der rechte an Lützen lehnte. Der Schwedenkönig dagegen ging in zwei Treffen vor, stellte seine Mannschaften nicht mit so großer

Tiefe auf und vereinigte in seinen Brigaden Infanterie und Kavallerie, so daß er beweglicher war. Sein Zweck war, die Kaiserlichen nach Halle zu drängen, um sich leichter mit den Sachsen vereinigen zu können (Abb. 110, 111 u. 116). Mit Artilleriefeuer begann die Schlacht, der kaiserliche linke Flügel wurde hart bedrängt, gegen ihn führte Gustav Adolf in Person seine Regimenter. Aber der bedrohte Flügel wurde durch Pappenheim verstärkt, dessen Kavallerie im Galopp von Halle her zur rechten Zeit eintraf. Doch wurde Pappenheim bald zum Tode verwundet weggetragen, Octavio Piccolomini trat an seine Stelle, und im Kampfe gegen seine und Götzens Reiter fiel Gustaf Adolf, der in dem dichten Nebel und bei seiner Kurzsichtigkeit wohl zu weit vorgedrungen war; er verschied in den Armen des Herzogs Franz Albrecht von Sachsen-Lauenburg, der — uns aus Schlesien bekannt — nunmehr zu den Gegnern des Kaisers gehörte. Wallenstein hat seinen großen Gegner nicht von Angesicht zu Angesicht gesehen. Die Wut der Schweden, die jetzt von Bernhard von Weimar geführt wurden, beherrschte bald das Schlachtfeld. Zwar eroberten die Kaiserlichen beim Kampfe um des Königs Leiche eine Anzahl schwedischer Feldzeichen, aber die Unordnung in ihren Reihen wurde immer größer, die Reiterei beraubte die eigene Artillerie der Gespanne, die Infanterie plünderte die eigene im Rücken gelassene Bagage. Wallenstein, selbst verwundet, konnte das Schlachtfeld nicht behaupten und zog sich nach Leipzig zurück; die Schlacht blieb unentschieden, er war nicht zum Rückzug nach Halle gezwungen worden. Bald eilte er nach Prag, wo er Anfang Dezember eintraf, und bezog seinen Palast; in einem kleinen runden Zimmer, mit geheimnisvollen Zeichen und wundersamen Bildern aus dem Kreise der Gestirne geschmückt, saß er arbeitend bis zum späten Abend; hier wachte er auch oft viele Stunden der Nacht mit Johann Baptist Zenno, dem Astrologen, die rätselhafte Schrift der Sterne zu entziffern. Noch ehe er Prag erreichte, trafen ihn die Nachrichten von der Einnahme der wichtigsten sächsischen Städte Leipzig, Chemnitz und Zwickau durch die Schweden; trotz des mühevollen Feldzuges blieb er auf Böhmen beschränkt, das sein Ausgangspunkt gewesen war.

Sein nächstes Bemühen war, die stark mitgenommene Armee zu kräftigen und neu zu organisieren. Nicht nur in Böhmen, wo die Mehrzahl seiner Truppen in Winterquartieren stand, auch in Schwaben, wo Aldringen kommandierte, ließ er die Werbetrommel rühren, wieder strömten ihm die Kriegsknechte zu. Aber in diesem Winter hielt er auch Gericht ab über die Thaten des vergangenen Jahres, belohnte solche, die sich hervorgethan hatten, fürstlich und bestrafte Missethäter unerbittlich streng. Prag erlebte, wie 1621, das blutige Schauspiel einer Massenhinrichtung: Offiziere und Gemeine, die ihre Schuldigkeit besonders bei Lützen nicht gethan hatten, starben

Abb. 94. Maria von Spanien, erste Gemahlin Ferdinands III. Gemälde von Velasquez im Königl. Museum zu Berlin.
(Nach einer Originalphotographie von Franz Hanfstängl in München.)

durch Henkershand. Die Belobten wurden befördert, erhielten Geldgeschenke, wertvolle goldene Ehrenketten, nicht mit des Kaisers, sondern mit Wallensteins Bildnis, auch Adelsdiplome. Besonders Holk und Piccolomini wurden ausgezeichnet, zum nicht geringen Verdruß anderer, die sich übergangen sahen.

Wallenstein blieb zunächst in der stärksten natürlichen Festung, die der Kaiser besaß, in Böhmen; am Kriege im Reiche beteiligte er sich nicht, vielmehr sammelte er seine Truppen im Süden der Grafschaft Glatz, um nach Schlesien zu rücken, wo Gallas einem unter Arnim und Graf Thurn vereinigten Truppencorps von Sachsen, Brandenburgern und Schweden gegenüberstand. Im Winter beabsichtigte der Herzog, durch „Praktiken" Zwiespalt unter seinen Gegnern anzurichten, wir sind aber nicht in der Lage, diese Intriguen zu verfolgen. Es herrschte das Bestreben vor, mit Sachsen Frieden zu schließen, eine Sendung Sparrs zum Kurfürsten war aber erfolglos. Auch von anderer Seite bemühte man sich, dem Kriege ein Ende zu machen. Der „Reichsfriedensvermittler" Georg von Hessen-Darmstadt verhandelte darüber mit kaiserlichen Gesandten in Leitmeritz, die seinen Forderungen für das Reich nachgaben, für Böhmen aber die katholische Reaktion bestätigt wissen wollten. Wallenstein hatte von diesen Verhandlungen sichere Kunde, war jedoch nicht dabei beteiligt, ein Grund, gegen den Kaiser verstimmt zu sein: denn er hatte den Ehrgeiz, Herr über Krieg und Frieden zu sein, wenn ihm auch eine umfassende kaiserliche Vollmacht fehlte. Von diesem Begehren getrieben, trat er bald wieder in Beziehungen zu den böhmischen Emigranten, ja selbst zu den Schweden, die sich mit seiner Stellung zum Kaiser nicht vereinbaren lassen: da er aber zugleich mit Sachsen Verhandlungen anknüpfte, wie sie ihm zustanden und vom Kaiser gebilligt wurden, so blicken wir auf ein kompliziertes diplomatisches Spiel, dessen einzelnen Zügen wir nicht völlig nachgehen können, dessen Hauptphasen aber hinreichend erkennbar sind.

In Wien wurde die Partei der Gegner des Generalissimus immer lauter. Die Lützener Schlacht war als Sieg verkündet worden, und doch lagen die kaiserlichen Truppen nun in Böhmen und zehrten am Marke des Landes. Der Tod des gefährlichsten Gegners hatte die kriegerische Stimmung am Hofe erhöht, und doch blieb der General unthätig: da die schwerste Gefahr für die Erblande beseitigt war, erhob sich die katholische Reaktion zu radikalen und harten Maßregeln, Wallensteins Friedenspolitik aber war durchaus unkatholisch — alles Gründe für die jesuitisch-spanische Partei, den Generalissimus zum mindesten mit Mißtrauen zu beobachten. Maximilian von Bayern bat vergebens um Hilfe gegen die Schweden, die ihn hart bedrängten. Wallenstein richtete sein Augenmerk mehr auf den Feind im Erblande Schlesien und befahl sogar Aldringen, der die Kaiserlichen in den oberen Donaugebieten befehligte, lediglich in der Defensive zu bleiben. Die Feindschaft der Ultramontanen wurde vom Herzog sehr wohl empfunden, daher wohl seine Geneigtheit, sich durch Verhandlungen mit den Gegnern, die in anderer Richtung gingen, als die vom Kaiser autorisierten, gegen die Feinde am Kaiserhofe zu decken,

Abb. 99. Namenszug Terzkas.

den Intriguen der Exulanten Gehör zu schenken. Ja, er bekam offenen Grund zur Mißstimmung. Durch Franzosen und Schweden wurde den Spaniern die Verbindung zwischen Mailand und den Niederlanden erschwert, daher beabsichtigte der Madrider Hof, den Herzog von Feria, Gubernator von Mailand, in den Elsaß zu schicken, und verlangte, daß Aldringen sich mit ihm vereinigen und ihm unterstellt werden sollte. Das widersprach den Bedingungen, unter denen Wallenstein das Generalat übernommen hatte: ein von ihm unabhängiges Kommando durfte im Reiche nicht geführt werden, und seine Generale hatten Befehle nur von ihm anzunehmen.

Am 26. April erschien Sesyma Raschin bei ihm in Prag, von Thurn entsandt, der ihm die böhmische Krone schriftlich antrug. Der Winterkönig war gestorben, daher war vom Vicekönigtum nicht mehr die Rede. Aber Wallenstein mißtraute Raschin und erbat sich den Generalmajor Bubna als Unterhändler.

Bei dem schwedischen Agenten Nicolai in Dresden erschien in dieser Zeit ein böhmischer Emigrant, dessen Name uns nicht überliefert ist, um anzufragen, ob Schweden die früheren Verhandlungen mit Wallenstein, von denen er genaue Kunde hatte, wieder aufzunehmen und den Herzog als König von Böhmen zu schützen geneigt sei. Und eben in dieser Zeit knüpfte der wohl hervorragendste der Exulanten, Graf Kinsky, ein Schwager Trczkas, mit dem französischen Gesandten in Dresden, dem Marquis Feuquières, aus eigener Initiative ähnliche Verhandlungen an. Beide auswärtigen Staaten gingen lebhaft darauf ein, ohne daß man schon gewußt hätte, wie die Hauptperson sich dazu stellen würde.

Wallenstein hatte lange mit dem Aufbruch der Armee gezögert, weil er einen Vorstoß Bernhards von Weimar gegen Böhmen befürchtete, am 3. Mai endlich verließ er Prag in prächtigem Zuge, um sich zum Heere zu begeben. Er sollte die Hauptstadt des ihm zugedachten Zukunftsreiches nicht wiedersehen. In Gitschin traf der erbetene Bubna in einer Mainacht um zehn Uhr ein und wurde sofort zur Audienz befohlen. Zum erstenmale ließ Wallenstein seine Absicht kund werden, durch eine Vereinigung der Heere, also wohl des kaiserlichen und des in Schlesien stehenden schwedischen, bei dem viele Exulanten Offizierstellen bekleideten, dem Kaiser den Frieden, wie sie ihn wünschten, abzutrotzen. „Seindt wir nicht Erzlappen, daß wir einander die Köpfe zerschmeißen um anderer willen, da wir uns doch gewünschten Frieden, in dem wir die Armeen in unserer Macht haben, machen könnten?" läßt ihn Bubna sagen. Der Böhme erwiderte, „daß die Krone Schwedens und die Exulanten gar kein Vertrauen zum Kaiser hätten, er müßte nach dem Willen seiner Pfaffen leben. Wenn

Abb. 100. Wallensteinscher Dukaten von 1631.

Wallenstein aber die böhmische Krone trüge, so wäre mit Ihrer fürstlichen Gnaden Person ein besserer Zutritt zum Frieden zu gelangen, weshalb schon Gustaf Adolf ihn in dieser Würde habe bekräftigen" wollen. Das hörte der kaiserliche Feldherr an, ohne zum wenigsten die Unterredung abzubrechen. „Was die Krone beträfe, das wäre ein groß Schelmstück," gab er zur Antwort, fuhr aber fort „der Kaiser sei zwar ein frommer Herr, doch ließ er sich fast von jedwedem Pfaffen und Bärenhäuter anführen und verleiten. Auf die vereinigten Heere gestützt, müßten sie den Frieden mit Herstellung der religiösen Freiheit und Gleichheit durchsetzen. Und was wir, die wir die Armeen in unserer Macht haben, abhandeln und schließen, das müßten auch die andern, ob sie gleich nicht wollten, annehmen und belieben." Zu Bubnas Mißvergnügen ging er nicht auf eine Vertreibung Ferdinands aus Böhmen ein, aber er wollte ihn doch gänzlich unberücksichtigt lassen. Er ging so weit, den Schwedenkönig zu rühmen, weil er die Waisen ergriffen hätte, um den Beängstigten und Bedrängten in der allgemeinen Sache zu helfen, und stellte sich als seinen Nachfolger hin! Und noch einmal betonte er, was den Böhmen ja sehr am Herzen lag, die Restitution der alten Freiheit und Ge-

Abb. 101. Medaille von 1631 mit dem Bildnis Wallensteins

rechtigteiten. Die Antwort war also genau auf den Standpunkt des Unterhändlers berechnet, ohne dessen Verlangen nach vollständigem Bruch mit dem Kaiser nachzugeben und ohne auf die Frage der böhmischen Krone einzugehen.

Während sich Bubna nun zu Thurn und dann zum schwedischen Kanzler Oxenstierna begab, rückte der Herzog über Glatz in Schlesien ein und vereinigte sich mit Gallas bei Münsterberg, durch seinen „continuierenden podagrischen Zustand" sehr gequält. Christian von Ilow sandte er gegen Nimptsch, das genommen wurde und zum größten Teil in Flammen aufging. Die Besatzung mußte über die Klinge springen. Ilow stammte aus der brandenburgischen Neumark, war ein Soldat von zäher Ausdauer und Energie, aber von bedenklichen Charaktereigenschaften. 1626 schrieb Wallenstein von ihm: „Ich mag seiner wegen vieler Ursachen nicht: erstlich, daß er ein stolzer, aufgeblasener Kerl ist; das andre, daß er viel Verhetzungen unter den Befehlshabern gern macht: zum dritten, so kann ich's auf mein Gewissen sagen, daß keiner solche Bedrückungen wie er gemacht hat." Und doch gelang es diesem ränkesüchtigen Raubgesellen, das Vertrauen des Herzogs ganz zu gewinnen.

Die feindlichen Heerführer waren nichts weniger als einig: Thurn hatte es Arnim (Abb. 117) nicht vergessen, daß er durch seinen Einmarsch in Böhmen die Hoffnungen der Exulanten durchkreuzt hatte, der Kommandeur der Brandenburger, Oberst Düwal, war seines Eigensinnes wegen berüchtigt, die Truppen waren nicht sehr stark und litten Mangel an Proviant und Munition. Wallenstein schien leichtes Spiel zu haben, er hatte auch brieflich geäußert, daß er bald ins Reich ziehen zu können hoffe. Aber anstatt der Nachricht von einer entscheidenden Schlacht kam die Kunde von einem Waffenstillstand nach Wien.

Der Herzog hatte in seiner Unterredung mit Bubna gegen Johann Georg von Sachsen (Abb. 114) geschürt, den man wegen seines Hanges zum Trunk den Bierfürsten nannte: „Was ist er für ein Vieh und was führt er für ein Leben!" Und doch suchte er diesen heimlich für sich zu gewinnen und von Schweden zu trennen. Schon im April hatte er Arnim zu sich geladen, jetzt, als sich die Heere schlachtbereit gegenüberstanden und Thurn gichtkrank in Liegnitz fern war, bat er ihn durch Trczka um eine Zusammenkunft. Seine Eröffnungen hat Arnim am folgenden Tage zu Papier gebracht und seine Aufzeichnungen durch Wallenstein beglaubigen lassen. Danach sollten die Feindseligkeiten zwischen der kaiserlichen und der kursächsischen Armee aufgehoben sein und beide mit vereinten Kräften ihre Waffen wenden „ohne Respekt einiger Person wider dieselben, so sich unterfangen würden, den Statum Imperii noch weiter zu turbiren und die Freiheit der Religion zu hemmen". Der Zustand von 1618 sollte

Abb. 102. Baron Friedrich von Tiefenbach.
Aus dem „Theatrum Europaeum".

Abb. 103. Das Treffen am Lech. Nach einem Kupferstich von Merian in der k. k. Fideikommiß-Bibliothek zu Wien.

wiederhergestellt werden, wie Wallenstein schon früher zugestanden, was aber der Kaiser neuerdings in Leitmeritz verweigert hatte, um die Reaktion in den Erblanden nicht vernichten zu müssen, — also eine eigenmächtige Nichtachtung des kaiserlichen Willens durch den General. Und wer waren denn die Störer des Status Imperii? Schweden und Franzosen, der Kaiser, seine jesuitischen Ratgeber, die Liga, Spanien konnten darunter verstanden werden. Wallenstein war wohl absichtlich unklar geblieben. Diese Verhandlung, die den Waffenstillstand von Heidersdorf (bei Nimptsch gelegen) einleitete, wurde vor den Schweden und Böhmen eben so geheim gehalten, wie die Verbindung mit diesen vor Kursachsen. Die feindlichen Mächte sollten separiert werden, und Wallenstein schuf sich eine Zwickmühle: mit Schweden und Böhmen vereint konnte er Sachsen oder mit Sachsen vereint jene zwingen; sein Verhältnis zum Kaiser blieb dabei zunächst noch im Hintergrund.

Während des Waffenstillstandes sollte Arnim die Meinung seines Herrn einholen. Ein schwerer Fehler Wallensteins war es aber, daß diese Waffenruhe nur für die Truppen auf diesem Kriegsschauplatz gelten sollte, wo die kaiserliche Hauptmacht stand, daß dagegen im Reiche, wo die Schweden überlegen waren, weitergekämpft wurde.

Arnim vermochte seinen Kurfürsten nicht zur Bildung einer Mittelpartei, die den Frieden auf Grund des Bestandes von 1618 garantieren sollte, zu bewegen. Johann Georg wollte sein Bündnis mit Schweden nicht verletzen. Mit einer Antwort voller nichtssagender Phrasen begab sich Arnim zum Kurfürsten Georg Wilhelm von Brandenburg. Auch dieser wies den Gedanken einer Trennung von Schweden von sich, erlaubte aber, wenn auch nur in allgemeinen Ausdrücken, die Weiterführung der Verhandlungen mit dem Friedländer.

Eine andere Antwort bekam Bubna in Frankfurt a. M. vom schwedischen Reichskanzler, Axel Oxenstierna (Abb. 115). Dieser ging scharfsinnig den Wallensteinschen Vorschlägen auf den Grund. Er vermißte darin eine klare Entscheidung darüber, „ob der Generalissimus einen allgemeinen Frieden zwischen den streitenden Parteien insgesamt herbeizuführen beabsichtige oder aber ob er nur in particulari als ein Mann, der die kaiserliche Armee in Händen und Gewalt habe, für sich verhandle und dem Kaiser und der Liga den Frieden vorschreiben wolle. Ehe der Universalfriede

Abb. 104. Denkmünze auf Graf von Tilly.

Vorderseite: IO. T(serclaes) C(omes) DE TYLL(y) B(aro) MAR(baccensis) D(ominus) in BAL(lastenius) ET M(onitigny) C(A)P(itanus) GENeralis.
Rückseite: SUB SORTEM VINCO FERENDO, CM (Stempelschneider: Christian Maler aus Nürnberg). Im Abschnitt: C(um) PRIV(ilegio) C(A)E(saris).

möglich sei, werde man noch viele Stände und Länder des römischen Reiches zu Grunde richten müssen. Ein Sondervertrag, bei dem Kaiser und Liga ausgeschlossen wären, erscheint ihm dagegen als der rechte Weg, „und damit das Werk recht gefaßet würde, müßte er sich sonder Aufschub Böhmens und der incorporierten Länder bemächtigen und die Stände ihm die Krone aufsetzen." Dann werde sich Schweden mit ihm verbünden. Von Oxenstierna wurde Wallenstein zum erstenmal die notwendige Folge seiner Friedenspolitik klar und kühl vor Augen geführt, der völlige Abfall vom Kaiser, der in des Friedländers bisherigen Anträgen noch nicht inbegriffen war. Und diese nüchterne Vorstellung mochte ihn stutzig machen.

Zur Annahme der böhmischen Krone, die Schweden als Bedingung seiner Hilfe stellte, war er doch noch nicht geneigt und gab darum die Verbindung mit Schweden und den Exulanten zunächst auf. Wieder einmal war ein unvorsichtiger Brief Thurns aufgefangen worden, so daß sich Wallenstein vorsichtig zurückhielt, wenn er auch Offiziere entfernte, denen er nicht traute, und andere so schlecht behandelte, daß sie sich selbst entfernten. Er war äußerlich immer noch ein treuer Diener seines Herrn, dem er die aus kaiserlicher Vollmacht geführten Verhandlungen, wenn auch nicht rückhaltlos, mitteilte. Seine geheimsten Beweggründe vermögen wir nicht zu entschleiern, besonders wissen wir nicht, welchen Einfluß die Weisheit der Sterne auf seine Entschließungen ausübte. Bezeichnend ist es,

daß er während des Waffenstillstandes seinen Astronomen Senno nach Breslau schickte, damit er dort mit einem anderen Meister seiner Kunst darüber konferiere, ob man auf Frieden hoffen dürfe.

Daß die Friedensbedingungen, die in Wien kund wurden, dort nicht angenehm berührten, kann nicht wunder nehmen. Sollten die Zustände von 1618 wiederhergestellt werden, so war nicht nur die Katholisierung rückgängig zu machen, sondern auch die ungeheuren Konfiskationen. Selbst die Friedenspartei ging nur bis 1622 zurück, andere wollten auch das Restitutionsedikt in Kraft lassen.

So hatte Wallenstein denn mit all diesen Verhandlungen und im Felde so gut wie nichts erreicht, sich dagegen am Kaiserhofe von neuem mißliebig gemacht. Als er daher nach Arnims Rückkehr am 30. Juni 1633 eine Unterredung mit ihm hatte, in der er den Bescheid Sachsens und Brandenburgs erhielt, verlangte er als Preis für die Fortsetzung des Waffenstillstandes die Abtretung aller besetzten Plätze auf dem linken Oderufer und Rückzug der Gegner auf das rechte, und als dies verweigert wurde, die Überlassung der Fürstentümer Schweidnitz und Jauer, aber ebenso vergeblich. So wurde denn die Waffenruhe von beiden Teilen aufgehoben. Wallenstein rückte sofort gegen Schweidnitz, aber ein Handstreich scheiterte an der Standhaftigkeit der Besatzung, die von einem Regen, der das Pulver der Kaiserlichen durchnäßte, unterstützt wurde, und bald kam Arnim von Brieg her zu Hilfe; die nunmehr in Wahrheit feindlichen Heere lagerten einander gegenüber, aber unthätig. Vergeblich mahnte der Kaiser zu größerem Eifer, damit spätere Verhandlungen auf Grund kriegerischer Erfolge ein besseres Ergebnis versprächen. Wallensteins Unthätigkeit gab vielmehr den Feinden im Reich gute Gelegenheit, einen Vorteil nach dem anderen zu erringen. Ein Grund zu seinem auffallenden Verhalten mag die Mißstimmung gegen ihn am Wiener Hofe gewesen sein, die ihm wohlbekannt war. Wurde er doch überraschend schnell von allen dortigen Vorgängen unterrichtet. So schonte er übellaunig seine Gegner, steigerte aber dadurch den Ingrimm seiner heimlichen Feinde noch mehr.

Als Ferdinand durch Questenberg seine Meinung über die Aufstellung eines spanischen Heeres unter Feria im Elsaß einholte, ließ Wallenstein am 1. Juni schreiben — er selbst war gichtkrank — daß er darein nicht willigen könne. Nicht nur, daß er sich persönlich aufs empfindlichste gekränkt fühlte, er führte den schwerwiegenden Grund an, daß Frankreich dadurch zu einer Einmischung veranlaßt und der Frieden noch unsicherer gemacht würde. Das erregte den Zorn der Spanier, die von nun an, wie sie früher seine Absetzung zu verhindern gesucht hatten, jetzt seine erbittertsten Gegner wurden. Besonders der Gesandte Marcheje de Castañeda arbeitete am Kaiserhofe gegen ihn. Unterstützt wurde er vom Vertreter des Bayernherzogs, der sich immer wieder über Wallensteins Kriegsführung beklagte, war er doch zumeist von Bernhard von Weimar und dem schwedischen Feldmarschall Gustaf Horn (Abb. 126) bedroht. Und wo Spanien und Bayern wühlten, da konnte unmöglich der dritte im Bunde fehlen, da suchte der Jesuit Lamormaini seine Hand in das Spiel zu bringen, von dem er seit den Znaimer Verabredungen ausgeschlossen war. Kurz, die Kriegspartei war rührig und erfolgreich, und Wallensteins Freunde hatten schweren Stand.

Daß der schwedische General Knyphausen die kaiserlich-ligistischen Truppen bei Hessisch-Oldendorf schlug, war ein herber Schlag für des Kaisers Stellung in Norddeutschland. Der Sieger konnte selbst Wallenstein in Schlesien gefährlich werden, und daher beeilte sich dieser, denjenigen seiner Offiziere, dem er am meisten vertraute, der mit ihm und Piccolomini unter gleichen Sternen geboren war, aber von letzterem als der Bevorzugte heftig beneidet wurde, den schneidigen Holk trotz des Waffenstillstandes in Sachsen einfallen zu lassen, was dieser auch in der bekannten empörend grausamen Weise besorgte. Aber auch in Süddeutschland regten sich die Schweden gegen Bayern, und der Rheingraf und der Markgraf von Baden belagerten das feste Breisach, den Schutz des wichtigsten Rhein-

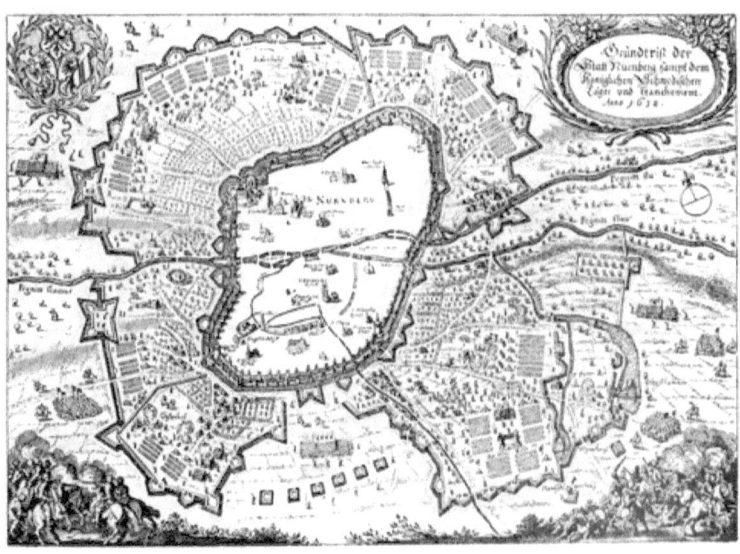

Abb. 105. Schwedisches Lager bei Nürnberg. Aus dem „Theatrum Europeum".

überganges. Da gab der Kaiser gegen den Willen dessen, dem er die höchste Gewalt im Kriege übertragen hatte, illoyal gegen seinen Unterthan, aber durch den Zwang der Thatsachen gerechtfertigt, den Spaniern die Erlaubnis, im Elsaß aufzutreten. Zwar sollte sich Feria Wallenstein unterordnen, aber Wallensteins Recht war verletzt. Seine Gegner setzten es durch, daß der Kriegsratspräsident Schlick, seit 1626 gleichfalls einer seiner Feinde, zu ihm gesandt wurde, um mit ihm zu erwägen, wie den Gefahren im Reich Abhilfe geschafft, die Erblande von Quartieren verschont und die verlorenen Gebiete wiedergewonnen werden könnten. Insgeheim sollte er die Stimmung im Heere erkunden, ja wie berichtet wird, „Gallas, Piccolomini und andere Offiziere dahin disponieren, daß Se. kaiserliche Majestät auf den Fall, wenn mit dem Herzog von Friedland seiner Krankheit halber oder sonst eine Veränderung erfolgen sollte, deren standhafter Treue versichert seien".

Als Wallenstein die Nachricht von des Kaisers Zusicherung an die Spanier und von dem ihm zugedachten Besuch Schlicks erhielt, von dem es hieß, daß er ihm die Absetzung vom Oberkommando überbringen solle, erfaßte ihn der Zorn, und in diesem Zustande — schietrig nannten ihn die Zeitgenossen — war er, der sonst so zurückhaltend war, seiner Worte nicht mehr Herr. Er bat Arnim um neue Unterredungen, die nach einigem Zaudern bewilligt wurden und vom 16. August an auf freiem Felde bei Schweidnitz stattfanden. Nach wenigen Tagen traf Schlick ein und war natürlich teilweise zugegen, auch der Herzog Franz Albrecht von Sachsen-Lauenburg war beteiligt. Das Ergebnis all dieser Unterredungen, deren Einzelheiten noch der Aufklärung harren, ist höchst verwunderlich. Dem Grafen Schlick gegenüber, der sich sehr taktvoll zu benehmen wußte, ging Wallenstein auf alle Forderungen des Kaisers, Aufstellung des spanischen Heeres im Elsaß, Unterordnung Aldringens unter Bayern u. a. ein, aber zugleich machte er Arnim Anträge, die nur begreiflich sind, wenn sie unmittelbar dem

Abb. 106. Lagerscene. Gemälde von Seb. Bourdon in der Gemäldegalerie zu Kassel.

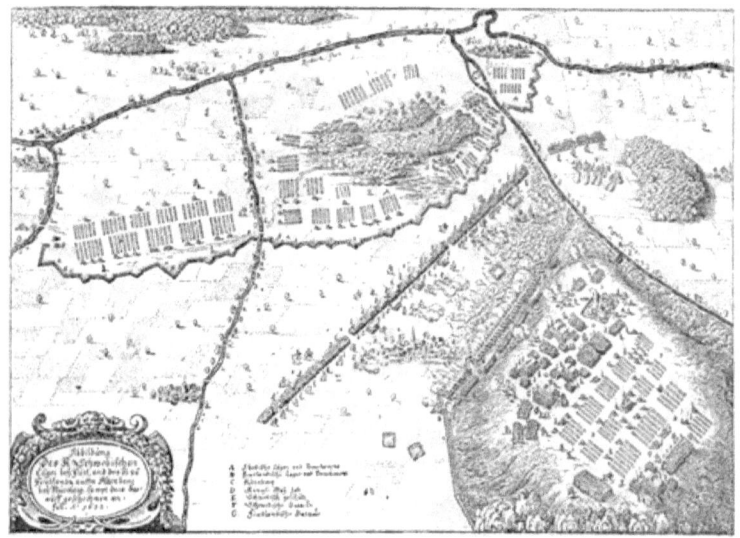

Abb. 107. Schwedisches Lager bei Fürth und Angriff auf das Lager Wallensteins.
Aus dem „Theatrum Europeum".

Groll über diese kaiserlichen Forderungen entsprungen sind. Während die früheren Verhandlungen Wallensteins mit Sachsen und Schweden die Tendenz erkennen ließen, die Gegner zu trennen, vielleicht schließlich gegeneinander auszuspielen, will er jetzt alle Kräfte gegen Kaiser, Liga und Spanien vereinigen. Es war wohl von den autorisierten Friedensunterhandlungen die Rede, aber dann auch als Friedensbedingung von der Verbannung der Jesuiten aus Deutschland, von der Wahlfreiheit der böhmischen Stände. Einmal wohl sprach Wallenstein wieder des Kaisers Geneigtheit zum Frieden mit Sachsen und Brandenburg, unter Ausschluß von Schweden und Frankreich aus, den alten Plan, der schon so oft an der evangelischen Bundestreue gescheitert war, und bei diesem Teile der Verhandlungen wird Schlick zugegen gewesen sein. Aber dann erinnerte er an den Affront, der ihm vor drei Jahren widerfahren sei, wurde heftig, weil der Herzog von Feria herangezogen werde, um „ihm die Stange zu halten": wenn die Protestanten ihm beiständen, wolle er sich rächen. Holk, Gallas und andere Offiziere seien ihm treu, solche, denen er nicht trauen könne, schaffe er ab. Er verlangte, daß Schweden und Sachsen mit ihm gemeinsame Sache machten. Bernhard von Weimar sollte Holks Truppen, falls sie schwierig würden, zügeln, die sechs Regimenter, denen er am wenigsten traute, wollte er Arnim unterstellen. Er selbst wollte Böhmen, Österreich und Steiermark nehmen, Holk und Bernhard sollten gegen Bayern, Horn gegen Feria rücken, Frankreich sollte veranlaßt werden, in Italien gegen Spanien zu kämpfen. Von einer Übertragung Böhmens auf Wallenstein scheint nicht die Rede gewesen zu sein, vielmehr von seiner Belohnung durch die Kurpfalz.

Während des Waffenstillstandes, der nun geschlossen wurde, eilte Arnim zu Oxenstierna, der ihm nach Gelnhausen entgegenkam, und berichtete über diese unerwarteten Eröffnungen Wallensteins, die er mit dem Ärger über Ferias Zug erklärte, denen er aber kein rechtes Vertrauen schenkte. Graf Thurn dagegen glaubte blindlings dem Plane, den Wallenstein die Nachsucht eingab, und schrieb: „Es ist geschlossen, den Kaiser nach Spanien zu jagen."

Abb. 108. Vorder- und Rückseite eines Thalers vom Jahre 1632 mit dem Bildnisse Wallensteins.
Das Münzzeichen ist ein wachsender Löwe.

Orenstierna war den überraschenden Mitteilungen gegenüber sehr vorsichtig, für einen Scherz meinte er allerdings, sei es zu grob. Er kam mit Arnim überein, „den Herzog von Friedland nur fortzutreiben und ihm zu versichern, daß er, wenn er seine Desseins nur fortsetze, nicht im Stich gelassen werden würde". Die Kurfürsten von Sachsen und Brandenburg willigten ein, ihre Truppen mit den Kaiserlichen „treulich cooperieren" zu lassen, nicht aber dem Friedländer unterzuordnen, der erst durch die That zeigen sollte, daß es ihm Ernst sei. Trotz des Waffenstillstandes verstärkten sich beide Heere, ein Zeichen dafür, daß keines dem anderen traute.

Wallenstein mochte wohl von der Reise Aruims zu Orenstierna, die er doch selbst veranlaßt hatte, eine engere Verbindung der beiden befürchten, die ihm unbequem werden konnte, er mochte auch von seiner Erbitterung gegen den Kaiser zurückgekommen sein; kurz, er wendete sich wieder zu dem Gedanken einer beherrschenden Mittelpartei, der ihn zu den früheren Sonderverhandlungen mit Sachsen geführt hatte. Der

Abb. 109. Wallensteins Lager bei Nürnberg.
Nach einem anonymen Kupferstich im Germanischen Museum zu Nürnberg.

Anschluß an Schweden hätte ihn in der freien Stellung, die er über den Parteien einzunehmen glaubte, gehindert und ihn in seiner freien Entschließung gehemmt. Als er Ende September eine Unterredung mit dem zurückgekehrten sächsischen Generallieutenant hatte, verlangte er eine Vereinigung des sächsischen Heeres mit dem kaiserlichen, um in das Reich zu ziehen. Die noch der Meinung, aber das wollte er zuletzt sparen". Er müßte, wie er sagte, eine Zwickmühle behalten, also die Möglichkeit, sich nach zwei Seiten zu wenden.

Das Gerücht, daß der Friedländer den Kaiser verlassen wolle, erscholl damals durch ganz Deutschland, an den Börsen wurden Wetten darüber eingegangen, Breisach und Konstanz fielen den Feinden in die Hände,

Abb. 110. Darstellung der schwedischen und kaiserlichen Schlachtordnung bei Lützen am 16. November 1632. Aus dem „Theatrum Europeum".

Ausländischen müßten hinausgeschafft werden, man müsse die Schweden „herausschmeißen".

Was geht der Schwed' mich an? Ich haß ihn wie
Den Pfuhl der Hölle, und mit Gott gedenk ich ihn
Bald über seine Ostsee heimzujagen.

Aber das Andenken an Gustaf Adolf, der für die Evangelischen sein Leben eingesetzt hätte, war zu mächtig, als daß Arnim darauf eingegangen wäre. Auf die vorwurfsvolle Erinnerung an seine früheren Vorschläge entgegnete Wallenstein, „er sei

der venezianische Gesandte in Wien schrieb: „Seine Feinde werfen ihm Mangel an Treue vor, bei den uninteressierten hat er an der früheren Achtung verloren." Man schlug eine Spottmünze, darauf sah man ihn auf der Bärenhaut liegend, die von Trczka, Ilow u. a. gehalten wurde, Arnim „hatte ihm eine Schiene an die Nase gemacht", an der er ihn führte", Gallas stand verwundert zur Seite. Wallenstein hatte es recht nötig, sich durch spürbare Erfolge zu rehabilitieren. So kam er auf den

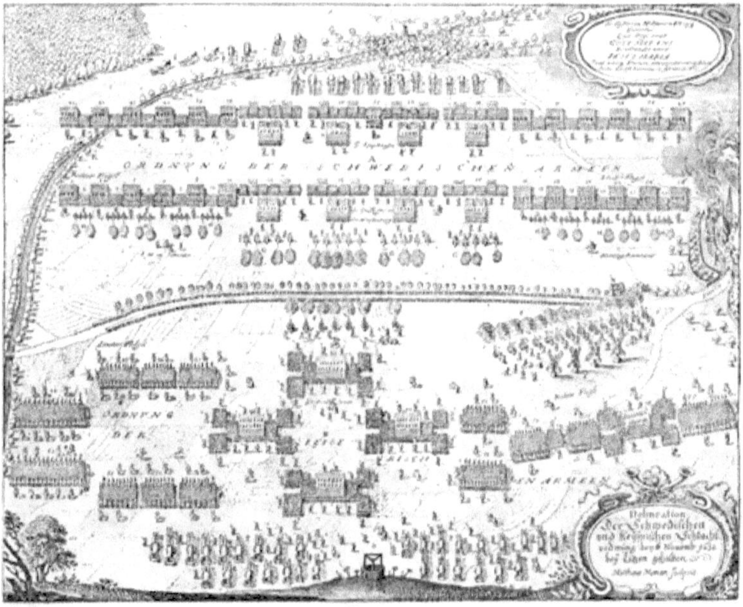

Weg, den er verlassen hatte, zurück, er untersagte gerade jetzt dem Grafen Kinsky die Verhandlungen mit Feuquières, zu denen er so lange geschwiegen hatte. Sachsen und Brandenburg sollten nun „mit Gewalt zur Raison gebracht werden".

Da sein Liebling Holk Anfang September an der Pest gestorben war, sandte er Gallas nach Sachsen, um die sächsischen Truppen zu zwingen, sich von den Lager zu beschränken. Als dann Wallenstein mit dem weit überlegenen Hauptheere anrückte und 70 Kanonen gegen das Lager richtete, wäre jeder Widerstand vergeblich gewesen. Thurn und der brandenburgische Oberst Düvall ergaben sich am 11. Oktober, die gemeinen Soldaten traten in kaiserliche Dienste (Abb. 123). Die gefangenen Führer mußten den Befehlshabern der noch besetzten schlesischen Plätze die Übergabe

Abb. 111. Die Schlacht bei Lützen. Gemälde von Asselyn in der Galerie zu Braunschweig.
(Nach einer Photographie der Photographischen Gesellschaft in Berlin.)

schwedischen Truppen in Schlesien zu trennen und ihr eigenes Land zu verteidigen. Arnim eilte auch nach der Lausitz, gefolgt von den Kaiserlichen. Aber westlich von Goldberg machte Wallenstein eine Schwenkung, sandte Isolani mit den Kroaten den Sachsen nach und eilte selbst gegen Steinau an der Oder, wo Graf Thurn ein Lager bezogen hatte. Es gelang dem Reitergeneral Hans Ulrich von Schaffgotsch bei der Nachlässigkeit der Schweden die Oder zu überschreiten, 33 Fahnen zu erobern und die Feinde auf das anbefohlen, dann wurde Thurn zum nicht geringen Ärger seiner Wiener Gegner freigelassen, Düvall entkam. Wallenstein zog gegen Glogau und Krossen, er nahm beide Plätze. Der Reihe nach wurden die schlesischen Städte gezwungen, ihre Thore zu öffnen, auch nach Brandenburg ergossen sich die kaiserlichen Scharen, Frankfurt an der Oder ergab sich ohne Schwertstreich, Landsberg an der Warthe wurde besetzt, bis nach Berlin, ja bis nach Pommern schweiften seine Kroaten. Nun konnte Wallenstein den Kurfürsten von Sachsen

Abb. 112. Ein den Kaiser vor den Jesuiten warnendes Flugblatt.
Nach einem Exemplar in der Königl. Bibliothek zu Berlin.

zu einem Frieden, wie er ihn wünschte, zwingen und rückte nach Görlitz vor, plünderte es, nahm auch Bautzen und stand bald in der Nähe von Dresden. Ja, es hieß sogar, er wolle sein Bestes thun, der Krone Schweden die letzte Ölung zu geben.

Der Jubel in Wien war unendlich, der Bann, der über dem kaiserlichen Heere gelegen zu haben schien, war gebrochen, der Löwe, der so lange unthätig geruht hatte, war aufgestanden und erfüllte alles mit Schrecken. Man erwartete nun Erfolge des Wallenstein würdig, der einst bis in die cimbrische Halbinsel vorgedrungen war. Aber jetzt reisten die üblen Früchte der sommerlichen Ruhe. Es zeigte sich, was man versäumt hatte. „Die härteste Nuß hat er noch zu beißen," sagte Arnim, „Gott gebe, daß er daran beiße, daß ihm die Kinnbacken darüber zerspringen."

Zwar hatten Aldringen und Feria Breisach entsetzt, aber durch Aldringens Zug nach Weiten war Bernhard von Weimar (Abb. 125) freie Hand gegeben. Um die kaiserlichen Heere von Sachsen abzuziehen, planten die Schweden eine Diversion, aber nicht, wie Wallenstein vermutete, gegen Böhmen. Weil er seine Truppen dort versammelt halten wollte, glaubte er, daß dort die Gefahr drohe, ein strategischer Fehler, der sein Schicksal besiegelte. Denn Bernhard von Weimar wandte sich vielmehr gegen Bayern und nahm das wichtige Regensburg, das nicht nur der Schlüssel zu Maximilians Landen, sondern auch zu Österreich war. Wallenstein, der Gallas erklärt hatte: „Ich will meinen Kopf zum Pfande setzen, daß der von Weimar nach Eger wird gehen", der auf die immer dringenderen Hilfsgesuche des Bayernherzogs dem Kaiser noch am 14. November, dem Tage, an welchem Regensburg fiel, berichtete: „Daß der Herzog von Weimar seine Intention gegen Regensburg gerichtet, hat auf der Welt keine Apparenz" — Wallenstein trug in aller Meinung die Schuld an diesem Unglück. Und nun konnten seine Gegner in voller Fahrt dem erwünschten Ziele entgegeneilen.

Bis jetzt konnte man von einem Konflikt Wallensteins mit dem Kaiser eigentlich nicht sprechen. Wenn der Herzog in seinen Verhandlungen mit Sachsen weit über des Kaisers Zugeständnisse hinausging, in den Leitmeritzer Verhandlungen die äußerste Grenze des Entgegenkommens, das er gebilligt hätte, erreicht hatten, so stand er doch insofern immer noch auf gleichem Boden mit ihm, als er sich als Vertreter des Kaisers in Friedensverhandlungen bewegte, die auch jener wünschte. Und Ferdinand, der ja von den geheimen Verhandlungen mit den böhmischen Emigranten und Schweden nichts wußte, war doch großdenkend genug, die unbestimmten Gerüchte, die über Wallensteins Verräterei umliefen, unbeachtet zu lassen und die geringe militärische Thätigkeit des Herzogs, eben weil er ihn politisch in Aktion wußte, zu übersehen. Als sich aber die Verhandlungen zerschlagen hatten, als Wallenstein Thurn freigelassen, als der Feldherr eine taktische

Niederlage erlitten hatte, da konnte er der übermächtig werdenden Clique der Gegner seines Generalissimus schließlich nichts mehr entgegensetzen, als die Furcht vor den unberechenbaren Charakter seines Generals, die ihn am Ende so beherrschte, daß er jedem Mittel zur Beseitigung des Mannes, dem entgegentreten zu sollen ihn vor Schrecken erbeben ließ, seine Genehmigung erteilte.

Die treibenden Elemente am Wiener Hofe waren neben dem Hofkriegsratspräsidenten Schlick, der ein eifriger Papist und bitterer Feind Wallensteins geworden war, neben Offizieren, die der Herzog im vergangenen Sommer mit hochfahrender Rücksichtslosigkeit „abgeschafft" hatte, neben dem bayerischen Residenten Richel, der seines Herrn unversöhnlichen Groll gegen den Friedländer zu dem seinen gemacht hatte, die Jesuiten und die Spanier. Jene waren seine Feinde, weil er das Restitutionsedikt verwarf, diese, weil er ihre Kreise störte. Sein Widerstand gegen Ferias Einmarsch hatte sie stark verstimmt: daß ihm die Kurpfalz zugesprochen werden sollte, die sie besetzt hielten und als wichtiges Glied in der Kette ihrer Besitzungen zwischen Italien und den Niederlanden schätzten, verletzte sie, und vor allem widersprach seine Friedenspolitik völlig ihren ultramontanen Tendenzen, auch schien ihnen Deutschland der geeignete Boden, um ihren Streit mit Frankreich auszutragen. Graf Oñate, der in dieser Zeit nach Wien kam, schürte eifrig das um sich greifende Feuer des Hasses gegen Wallenstein.

Auf die Kunde vom Falle Regensburgs versprach der Herzog dem Kaiser, „Tag und Nacht zu eilen, den von Weimar zurückzuweisen", und eilte auch wirklich in zehn Tagen von Leitmeritz über Rakonitz und Pilsen nach Furth jenseits des Böhmerwaldes. Aber er machte bald wieder Kehrt und legte das Heer in Böhmen in Winterquartiere; einen Teil hatte er unter Gallas in Schlesien gelassen, mit einem anderen verstärkte er den Oberst Suys, der in Oberösterreich stand. Welchen Grund er für diesen Rückzug hatte: ob den Schnee und Frost des Böhmerwaldes, der Bernhard von Weimar das Verfahren seines Gegners billigen

Abb. 114. Johann Georg, Kurfürst von Sachsen.
Nach einem Kupferstich von Conrad Bauman[n]us.

ließ, denn dieses Heer war die letzte Schutzwehr und mußte geschont werden, ob die Gicht, an der Wallenstein damals heftiger als je litt, ob die Unmöglichkeit, seine Reiterei im Winter im Felde zu unterhalten, ob den Groll gegen den Bauernherzog, ob die Nachricht, daß man seine Absetzung betreibe, das wissen wir nicht. Es werden wohl all diese Gründe zusammen wirksam gewesen sein.

In Wien war man empört. Das war nun schon der zweite Winter, in dem die Erblande die Last des ungeheuren Heeres mit seinem Troß ertragen sollten. Wallenstein bat den Kaiser, Questenberg zu ihm zu schicken, um die Gründe gegen einen Winterfeldzug anzuhören. Mit Trautmannsdorff traf dieser in Pilsen ein, wohin sich Wallenstein von Furth begeben hatte. Sie sollten wenigstens verlangen, daß er Verpflegungsordonnanzen nicht ohne Mitwirkung des Kaisers und der Stände ausgebe, damit es nicht scheine, als bestände eine Nebenregierung, als habe Ferdinand „gleichsam einen Mitkönig an der Hand". Die Forderung eines sofortigen Aufbruchs gegen den Weimaraner wurde erneut, und zwar im Tone des Befehls, den der Kaiser seinem General gegenüber bisher noch nicht angeschlagen hatte. Wallenstein holte, um sich zu decken, am 16. Dezember das Gutachten seiner Obersten ein, das ganz in seinem Sinne ausfiel: ein Winterfeldzug würde die Armee ruinieren. Dadurch, daß er so des Kaisers Befehle einer Kritik seiner Offiziere unterwarf, wurde der Konflikt verschärft — das war der Anfang der Meuterei, wie Maximilian von Bayern sagte —, andrerseits dadurch, daß der Kaiser gegen die Göllersdorfer Abmachungen über Wallensteins Kopf hin Befehle erteilte, so dem Oberst Suys, denen der Herzog dann Gegenbefehle folgen ließ. Der Zustand wurde unhaltbar, man plante Wallenstein im Kommando durch den König von Ungarn abzulösen, denn er hatte die Hoffnungen nicht erfüllt, auf die hin man ihm seine außergewöhnliche Gewalt gegeben hatte: das Vertrauen zu ihm war geschwunden.

Der Kampf, der sich schließlich in den Formen eines barbarischen Disciplinarverfahrens abspielen sollte, war der Ausdruck des Gegensatzes zweier politischen Principien. Wallenstein wollte die kaiserliche Monarchie im spanisch-österreichischen Sinne, für die er einst selbst gekämpft hatte, nicht wiederherstellen. Es galt ihm zu verhindern, daß Frankreich provoziert wurde, es galt ihm, die Schweden hinauszujagen, dem deutschen Reiche und damit den evangelischen Ständen Frieden auf einer solchen Grundlage zu gewähren, daß sie aufhörten, im Auslande Hilfe zu suchen, er erstrebte Versöhnung, Gleichberechtigung der Bekenntnisse und Libertät, die er vor 1630 bekämpft hatte. Wenn das aber erreicht werden sollte, mußte die österreichische Politik aufhören, kirchlich und politisch ultramontan zu sein, sie mußte deutsch werden. Wallensteins Gedanke war national, mehr, als die Anhängerschaft der Protestanten an Gustav Adolf. Aber bei Ferdinand II. waren die habsburgischen Hausinteressen, die von Spanien vertreten wurden, mächtiger, als die des Deutschen Kaisers und Reiches. Bis zu seiner ersten Absetzung kämpfte Wallenstein für des Kaisers Allgewalt gegen die Fürstenmacht von Protestanten und Katholiken, in der zweiten Epoche trat er für die Freiheit des Fürstentums ein, deren Ausdruck die am meisten gefährdete Religionsfreiheit wurde. Ein unabhängiger Reichsfürst hätte das thun dürfen. Wallenstein aber war im Dienste des Kaisers, er war ihm, wie die Zeitgenossen sagten, „mit Pflicht verwandt" — wie durfte er da selbständige Politik treiben!

Entworfen bloß ist's ein gemeiner Frevel,
Vollführt ist's ein unsterblich Unternehmen.
(Schiller.)

Es war sein vornehmster Ehrgeiz, als Friedensstifter, als Wiederhersteller von Ruhe und Ordnung im Reiche gefeiert zu werden. Er besaß nicht den Ehrgeiz der Stellung, sondern des Erfolges. Aber schon stand er nicht mehr auf der Höhe, lediglich für ein Princip eintreten zu können, er sah auch seine Person bedroht, und für beide suchte er Schutz und Hilfe.

Bald nach dem Treffen von Steinau hatte er dem Herzog Franz Albrecht von Sachsen-Lauenburg in Guben Friedensbedingungen für Sachsen und Brandenburg überreicht, in denen er von den eben Besiegten Anschluß ohne Rücksicht auf Schweden verlangte und ihnen Befreiung vom Restitutionsedikt versprach. Aber Sachsen traute dem Friedländer nicht, wie könnte man „auf einen platz" solch gutes Ver-

AXELIVS OXENSTERN LIB. BARO
IN KYMITHO DÑS IN FIHOLMEN ET TYDÖEN, ETC.
EQVES, SER. REGIÆ MAIESTATIS REGNORVMQ. SVECIÆ ETC.ᵃ
SENATOR ET CANCELLARIVS. Ad Exercitum et per Germaniam
summa cum potestate Legatus, ibidemq, fœderis Euangelici Director.

Abb. 115. Axel Oxenstierna, schwedischer Kanzler
Nach einem Kupferstich von J. W. Delff.

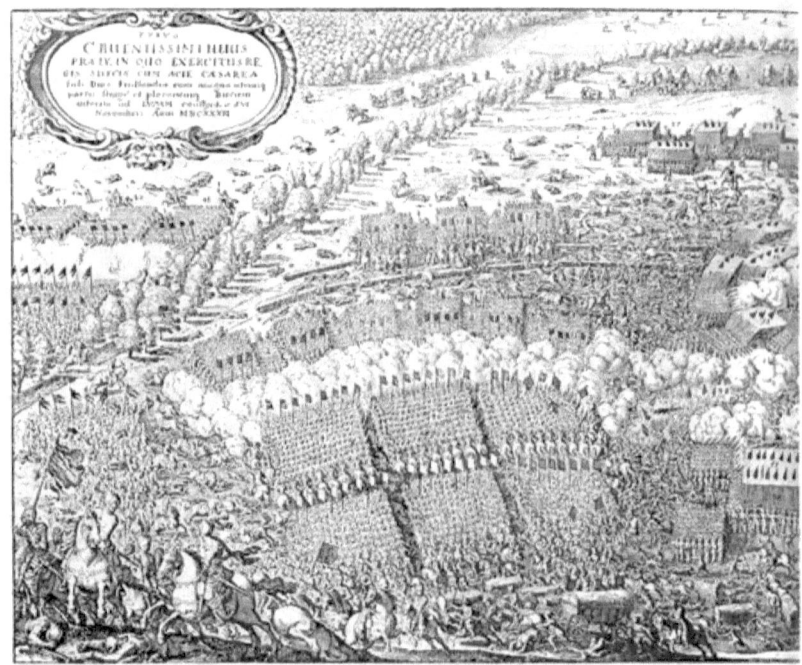

Abb. 116. Die Schlacht bei Lü[tzen]

trauen haben und die Waffen zu seiner Disposition stellen, während es doch oberste Regel sei, den Evangelischen keine Treue zu halten! Man vergaß ihm seinen Wankelmut, seine doppelte Treulosigkeit nicht, keiner wollte ihm mehr glauben. Durch seinen vertrauten Schwager Trczka, dessen Familie, besonders seine Mutter, das Vorbild von Schillers Gräfin, an dem böhmischen Aufstande stark beteiligt gewesen war, knüpfte er Verbindungen mit dessen Schwager Kinsky an. Als dieser mit dem sächsischen Obersten Schließ in Pilsen war, sagte Feldmarschall Ilow, ebenfalls des Herzogs Vertrauter, dem Obersten, daß keine Neigung zur Allianz mit Schweden vorhanden sei, „denn das Römische Reich dadurch in steter Unruhe sein würde." Wallenstein selbst sagte dem Schließ, den er seines Leidens wegen zu Bette liegend empfing, daß Kursachsen spüren werde, wie er als Fürst des Reiches für des Reiches Wohlfahrt besorgt sei, wenn es Lust zum Frieden hätte und sich ihm anschlösse, daß er die spanische Herrschaft nicht dulden und sich am Kaiser rächen wolle. Frankreich wollte er nicht im Reiche wissen, es sollte zugleich mit Schweden Entschädigungen erhalten. Über seine eigenen Ansprüche wissen wir nichts. Er sagte wohl, daß Tirol und was damit vereinigt wäre, beim Kaiser verbleiben sollte, erwähnte aber Böhmen nicht. Auch was er mit Kinsky allein in zwei langen Unterredungen Anfang Januar verhandelt hat, ist leider verborgen. Wir wissen nur, daß Schließ sofort abreiste, um Arnim nach Pilsen zu laden, und daß Kinsky eine Audienz bei Bernhard von Weimar nachsuchte. Es scheint, daß er den lebhaft national empfindenden Herzog durch

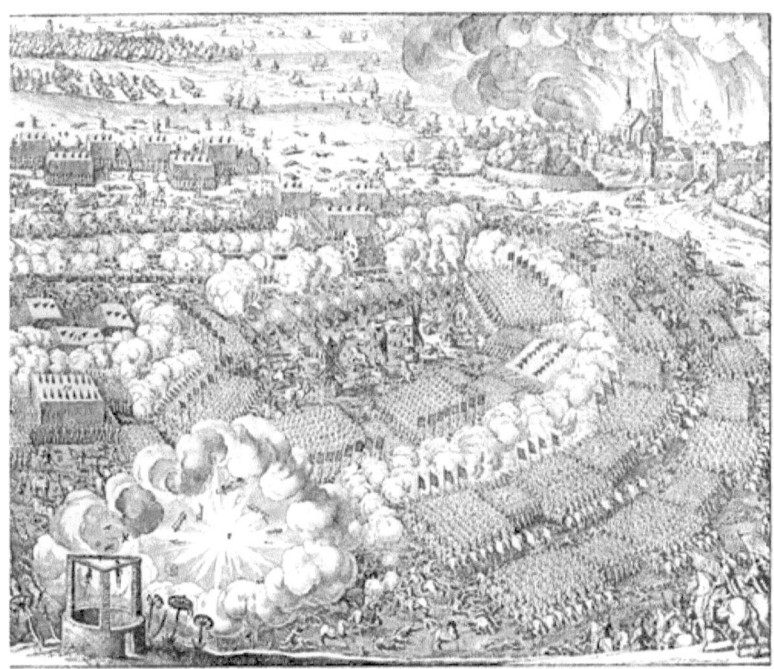

dem „Theatrum Europeum".

das Versprechen von Land im Elsaß oder in Bayern von Schweden trennen und zur Stütze von Wallensteins Friedenspolitik gewinnen sollte. Aus eigener Initiative nahm Kinsky die Korrespondenz mit Fenquières wieder auf, aber ehe sie zu einem Ergebnis führte, war der Vorhang des Trauerspiels schon gefallen.

Für die neuen Friedensverhandlungen mit Sachsen, die jenes gern mit dem Kaiser direkt geführt hätte, hatte Ferdinand Wallensteins Vollmacht aus Furcht vor ihm ausdrücklich betont; Johann Georg trank, nachdem er die Anerbietungen von Schlieff erfahren hatte, bei jeder Mahlzeit fleißig die Gesundheit des vom Friedländer erbetenen Unterhändlers Arnim und nahm, weil dieser noch in der Mark beschäftigt war, die Beziehungen zu Wallenstein durch Franz Albrecht von Lauenburg wieder auf. Ehe

dieser aber in Pilsen eintraf, hatte sich die Lage erheblich geändert. Die Zusammenberufung der Obersten am 16. Dezember hatte die Gegner Wallensteins in Wien in noch lebhaftere Aktion versetzt, selbst Fürst Eggenberg fiel jetzt von ihm ab. Richel konnte seinem Herrn bald triumphierend melden, daß auch der Kaiser für die Entfernung des Friedländers gewonnen sei. Zunächst bemühte er sich, sich der vornehmsten Generale zu versichern, damit sie dem Generalissimus „hernach, wenn er was seiner Entsetzung halber anfangen wollte, kein Gehör geben", sondern dem Kaiser treu blieben und auch andere treu erhielten. Darüber, was man mit Wallensteins Person beginnen sollte, herrschte noch Unklarheit. Ihn ganz frei zu lassen, schien bedenklich, ihn in Arrest oder dauernde Gefangenschaft zu nehmen, hatte auch seine Schwierigkeiten.

Abb. 117. Hans Georg von Arnim.
Nach dem Gemälde eines unbekannten Meisters im Schlosse zu Boitzenburg.

Andererseits mußte sich Wallenstein, wenn er seine Vertragsfähigkeit gegenüber Sachsen bewahren wollte, seiner Armee vergewissern und ſuch dazu seine Obersten nach Pilsen. Er bekam neuen Anlaß, auf seiner Hut zu sein, die Selbständigkeit seines Kommandos, der Bestand seines Heeres wurden angegriffen. Am Feldzug des nächsten Frühjahrs sollte der König von Ungarn teilnehmen, dessen Fernbleiben er sich doch ausbedungen hatte, und wieder stellten die Spanier Anforderungen an seine Truppenmacht. Da die Regentin der spanischen Niederlande, Isabella, gestorben war, wurde es dringend nötig, daß ihr Nachfolger Ferdinand, Bruder Philipps IV., sich an seinen Bestimmungsort begab; weil aber trotz Breisach der Rheinweg durch die Franzosen beherrscht wurde, sollte der Infant von Mailand durch Böhmen reisen und dort 6000 Wallensteinsche Reiter an sich ziehen. Um Wallensteins Einwilligung zu erlangen, wählte man den Beichtvater der jungen Königin von Ungarn, den Kapuzinerpater Quiroga, zum Boten, der bei ihm sehr gut angeschrieben war. Aber trotzdem hatte dieser, als er kurz vor Schließs Besuch in Pilsen war, keinen Erfolg.

Und nun fand am 11. und 12. Januar die Versammlung der befohlenen 49 Offiziere in Pilsen statt, eine illustre militärische Gesellschaft; von kommandierenden Generalen fehlten nur Gallas, Aldringen und Coloredo. Piccolomini, Trczka, Gordon,

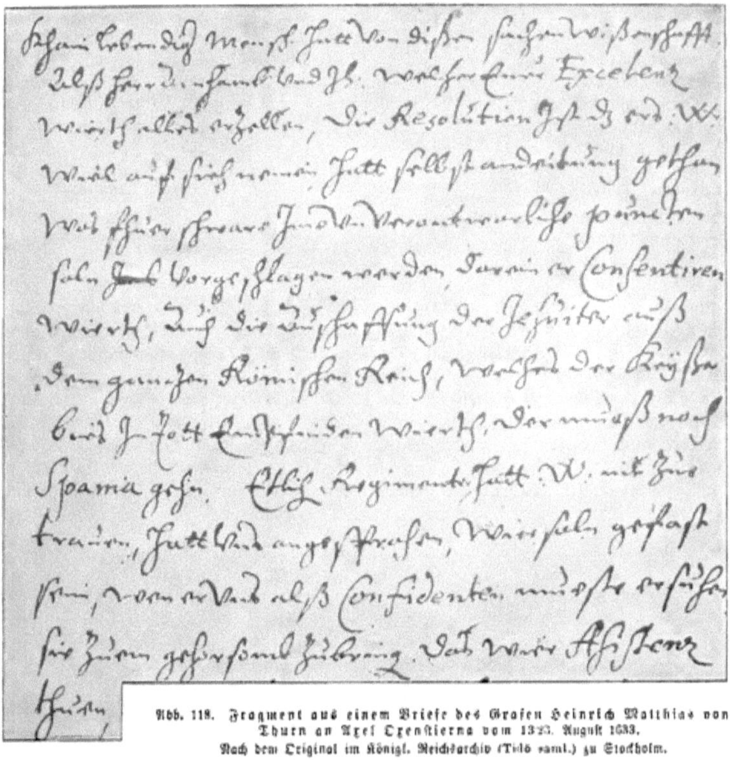

Abb. 118. Fragment aus einem Briefe des Grafen Heinrich Matthias von Thurn an Axel Oxenstierna vom 13./3. August 1633.
Nach dem Original im Königl. Reichsarchiv (Tīlós saml.) zu Stockholm.

Khain lebendiger Mensch hatt von dißen sachen wißenschafft alß Herr Arnhamb (Arnim) und ich, welcher E. Exc. wierdt alles erzellen, die Resolution ist daß ers : W : wiel auf sirch urmen, hatt selbst andeitung gethan was schwer schware ime unverantwortliche puntten soln vorgeschlagen werden, darein er consentiren wierdt, auch die außchaffung der Jesuiter auß dem ganczen Römischen Reich, welches der Keyßer bies in Todt empsinden wierdt, der mueß noch Spania gehn. Ettlicher Regimenter hatt : W : nit zue trauen, hatt uns angesprochen, wier soln geist sein, wen er uns alß Confidenten mueste ersuchen sie zuem gehorsam zubringen daß wir Aßiltenz thuen.

Butler waren zugegen, Diodati, Isolani, Schaffgotsch, Suys u. a. Durch seine Krankheit aus Bett gefesselt, ließ Wallenstein durch Ilow die beständige Forderung des Kaisers nach einem Winterfeldzuge und das durch Quiroga überbrachte Ansinnen bekannt geben. Einstimmig erklärte die Versammlung, daß militärische Operationen während des Winters unmöglich seien, und daß die Abtrennung von 6000 Reitern der Ruin des Heeres wäre. Was der Feldmarschall, dessen Fähigkeit, eine „Wäscherei" zu machen, der Herzog ja schon vor Jahren gebrandmarkt hatte, für aufreizende Worte gebraucht haben mag, steht dahin. Am Nachmittag gab er die Erklärung Wallensteins ab, daß er „wegen vielfältig empfangener Disgusti, ihm zugezogener hochschmerzlicher Injurien und wider ihn angestellter gefährlicher Machinationen" und wegen Verweigerung der „notwendigen, unentbehrlichen Unterhaltung der Armada" seinen Abschied zu nehmen beschlossen habe. Da war die Bestürzung der Obersten groß. Sie waren ja, wie sie wohl wußten, auf Wallenstein angewiesen, wenn sie ihre Auslagen bei der Werbung und Ausrüstung der Regimenter wiedereinbringen und „künftige Recompens und Ergötzlichkeit" bekommen wollten, und bei seinem Rücktritt völlig ruiniert, und so sandten sie denn eine Deputation aus Ilow, den Obersten von Bredow, Henderson (Hinnersam bei Schiller), Losy und Mohr von Wald zum Herzog mit der Bitte, sie nicht zu verlassen. Mehrmals mußten diese den Weg zum Quartier in der Sachsengasse zurücklegen, wo Wallen-

Abb. 119. Wallensteinischer Groschen von 1633.
Vs.: Albert D. G. D.   MEG. FRI. ET. SAG.
Rs.: SAC. RO. IM (3) PRIN 1633.
Vierblattartig zusammengestellte Wappenschilder von Friedland (oben),
Sagan und Mecklenburg.

stein daniederlag, ehe sie den ersehnten Bescheid bekamen. Noch eine Zeitlang verhieß er zu bleiben, um zu sehen, was für Mittel zur Erhaltung der Armada, d. h. zur Bezahlung der Obersten geschafft werden möchten, ja er versprach, ohne ihr ausdrückliches Vorwissen und ihren Willen nicht vom Heere zu scheiden. Dafür sollten sie aber treu bei ihm aushalten, daß ihm kein Schimpf wie einst zu Regensburg widerfahre, und sich von ihm nicht trennen noch trennen lassen. Sie versprachen es. Am nächsten Tage gab Ilow das berühmte Bankett, und hierbei unterzeichneten sie die Urkunde, in der diese Verhandlungen niedergelegt sind,

Abb. 120. Gustaf Horn. Aus dem „Theatrum Europaeum".

Hochwolgebohrner Her,

E. Excel. seindt meine gehohrsahme Dienste bevohr, wie ich zum Hertzog zu Fridelandt kommen, hatt er hochbeteuerlichen auff sich genommen, daß er nichts anders alß einen algemeinen Frieden im H. Rom. Reiche wieder auffzurichten suche, das vohrige hatt er wenigt berühret, und erwenet, er müste eine Zwickmülle behaltten, und begehret, daß wihr in gesambt ins Reich gehen, und der Crohn Schweden Volck erst herauß schmeißen wollten, den außer dem befinde er nicht, daß einig bestendiger fride zu tractiren, Solche Vohrschlege habe ich unchristlichen gehalten, bin auch deßen wol versichert, daß S. Cuhrf. D. zu Sachßen mein gnedigster Her dieselbe in Ewigkeit nicht eingehen werde, deßwegen seindt alle tractaten zerschlagen, und der Stilstandt legen den $\frac{21 \ 7\text{bris}}{1 \ 8\text{bris}}$ auffgehoben,

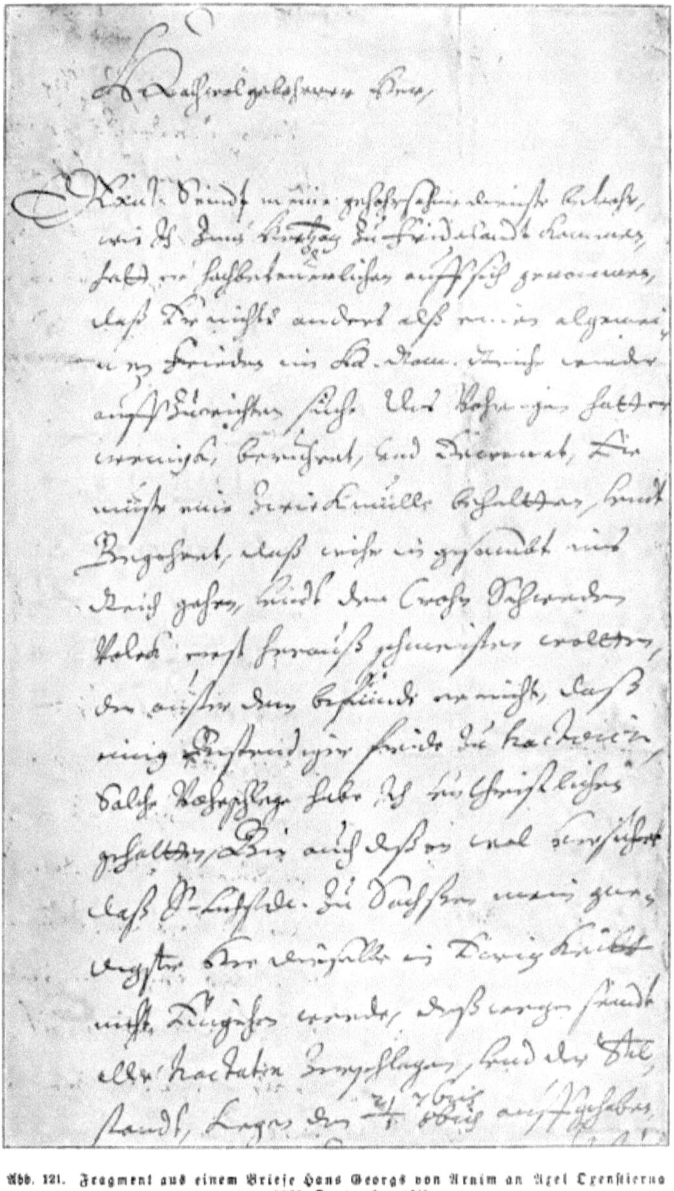

Abb. 121. Fragment aus einem Briefe Hans Georgs von Arnim an Axel Oxenstierna
vom 16/26. September 1633.
Nach dem Original im Königl. Reichsarchiv (Tido saml.) zu Stockholm.

mit dem Gelöbnis anstatt eines körperlichen Eides, alles, was zu des Herzogs und der Armada Erhaltung gereiche, zu befördern und für ihn all das Ihrige bis auf den letzten aufgesparten Blutstropfen aufzusetzen, jeden, der treulos und eidvergessen würde, zu verfolgen und sich an seinem Hab und Gut, Leib und Leben zu rächen.

Dieser berühmte erste Pilsener Revers ist von Ilow und dem Rittmeister Niemann, Wallensteins Sekretär, abgefaßt (Abb. 127, 128). Die Gemüter waren durch die Verhandlungen erregt, der Wein erhitzte sie noch mehr, aus dem Bankett wurde, wie ein Teilnehmer sagte, „eine volle Mette", bei der Ofen, Fenster, Stühle und Bänke zerschlagen wurden. Alle unterschrieben, in der Reihenfolge, zu der sie ihr Rang berechtigte, auch

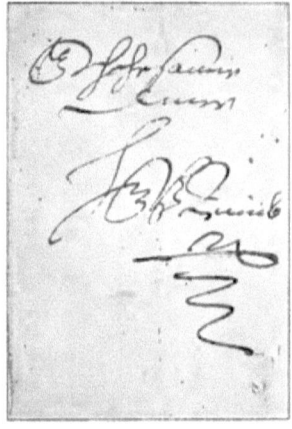

Abb. 122. Unterschrift Hans Georgs von Arnim in dem Brief an Axel Oxenstierna.
Nach dem Original im Königl. Reichsarchiv zu Stockholm.

Octavio Piccolomini, der vom Kaiser längst gewonnen war (Abb. 130). Der junge Italiener, 1599 geboren, der mit 28 Jahren Oberst von Wallensteins Leibgarde geworden war, den der Herzog vor kurzem erst zugleich mit dem Protestanten Schaffgotsch zum General der Kavallerie hatte ernennen lassen, hatte sich früher im Avancement zurückgesetzt gefühlt und war bei seiner ultramontan-absolutistischen Weltanschauung, die durch langjährige Verbindung mit geistlichen Würdenträgern verstärkt war, ohne jedes Verständnis für Wallensteins Pläne. Deutschland kümmerte ihn so wenig wie die vielen anderen Welschen im Heere. Er wollte durch den Krieg zu Ehren und Reichtum gelangen. Sonderbar, daß Wallenstein ihm so unbedingt ver-

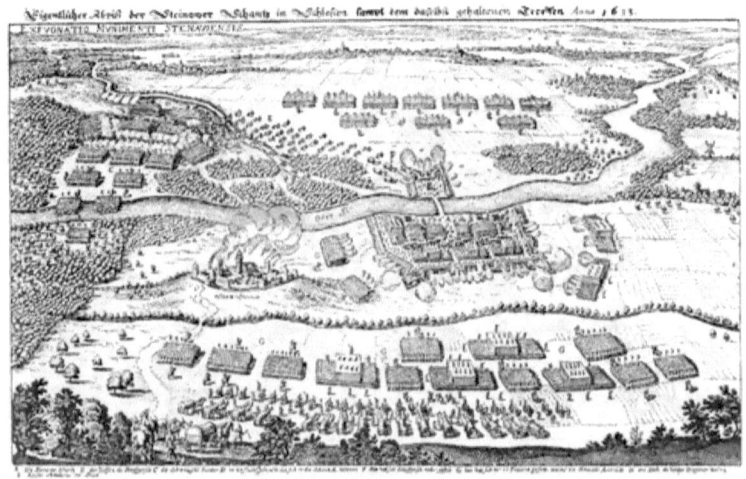

Abb. 123. Darstellung des Gefechts bei Steinau. Aus dem „Theatrum Europeum".

Abb. 124. Graf Matthias von Gallas.
Nach einem Kupferstich von B. Moncornet.

Abb. 125. Bernhard von Weimar. Nach einem Kupferstich von J. A. Boener.

traute. Der Grund war, daß des Italieners Nativität mit der seinen übereinstimmte, aber das hätte ihn, den listigen und verschlagenen, wie Richelieu bemerkte, gerade abhalten sollen, sich dem gleichen Charakter so völlig hinzugeben.

Die Wogen im Pilsener Rathause (Abb. 129) gingen hoch, Isolani geriet mit dem Oberst Losy in Streit, Trczka ging mit gezücktem Degen einher und drohte jeden in Stücke zu hauen, der nicht gut friedländisch sei; Piccolomini konnte sich da nicht enthalten zu sagen: O traditore, ergriff aber schnell Diodati und sprang mit ihm herum, um den Eindruck der Trunkenheit zu machen — obwohl also die Kräfte des Verstandes nicht mehr ohne Hemmung thätig sein konnten, hatte man doch gemerkt, daß das Aktenstück, das Niemann vorlas, nicht ganz den Worten Ilows entsprach. Man vermißte später die Klausel:

„solange Wallenstein in seiner kaiserlichen Majestät Dienst verbleiben oder diese ihn gebrauchen werde." Daß Ilow des Kaisers gedacht hatte, ist erwiesen, für die Behauptung, daß Wallenstein selbst diese Stelle im Konzept gestrichen habe, ist kein Beweis erbracht, eine Vertauschung der Papiere ist nicht möglich, da der Revers in fünf Exemplaren ausgefertigt wurde. Es mußte jeder, was er unterschrieb, und ängstliche Seelen beruhigte Wallenstein am nächsten Tage durch die Erklärung, es sei nichts gegen den Kaiser beabsichtigt. Und doch, er hatte es unternommen, sich des Gehorsams der Armee auch für den Fall zu versichern, daß der Kaiser ihn des Generalates enthebe: das war eine Drohung, der Vorläufer einer Kriegserklärung. Aber war dies Blatt Papier eine Bürgschaft für Wallenstein? —

Arnims Bedeuten. 113

Abb. 126. Wallenstein. Im Hintergrunde die Darstellung seiner Ermordung.
Nach einem Kupferstich von B. Moncornet.

Er glaubte des Heeres gewiß zu sein und erwartete mit um so größerer Ungeduld Arnim, den er durch den inzwischen eingetroffenen Lauenburger zur Eile drängen ließ. Wenn Arnim nur wolle, so könne er dem Faß den Boden vollends einstoßen. Aber dieser hatte noch lange Verhandlungen mit seinem Herrn, dann reiste er zum Kurfürsten von Brandenburg, um dieses zweiten bedeutendsten protestantischen Fürsten Meinung einzuholen, — kurz, er kam nicht. Sein Mißtrauen gegen den General-Herzog war rege ob der vielen Enttäuschungen, die er schon erlebt hatte, er wünschte, daß die Verhandlungen auch wirklich loyal und im Namen des Kaisers geführt würden; auf Wallensteins Kampf für das Reich gegen den Kaiser hätte er sich nicht mehr

Schulz, Wallenstein. 8

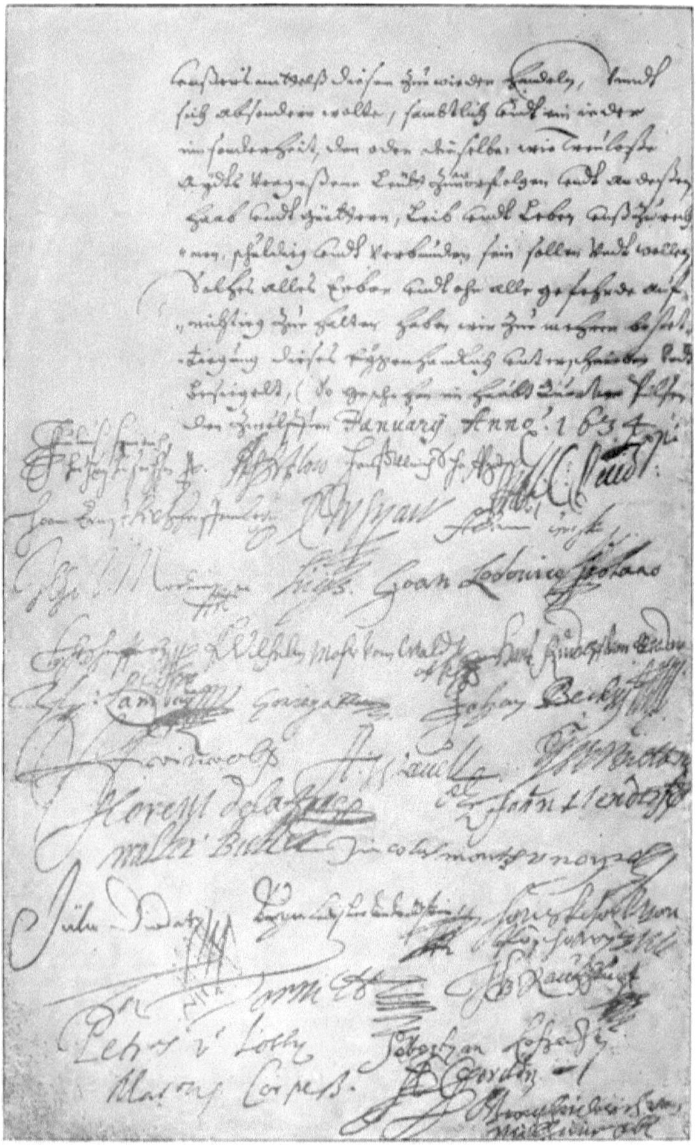

Abb. 127. Aus dem 1. Pilsener Schluß. Nach dem Original in der Reichsgräflich Schaffgotsch Freistandesherrlichen Majorats-Bibliothek zu Warmbrunn.

vnßers mittelß diesem zuewieder handeln vnndt sich absondern wolte, sambtlich vndt ein ieder inn sonderheit den oder dieselbe wie treuloße Aydts vergeßene Leutt zuuerfolgen vndt an deßen Haab vndt güettern, Leib vndt Leben vnß zu rechnen schuldieg vndt verbunden sein sollen vndt wollen. Solches alles erbar vndt ohn alle geschrde aufrichtieg zue halten, haben wir zue mehrer bestettiegung dieses eygenhandlich vnterschrieben vndt besiegelt, So geschehen im Haubt Quartier Pilsen, den zwölfften Januarij Anno 1634.

Juliuß Heinrich, herzog zu sachsen.   Ch. v. Ilow.   Hauß Ulrich Schaffgotsch.   O. C. Piccolomini.

Joan Ernst H. v. Scherffenberg.   E. G. v. Sparr.   Adam Trczka.

R. Fr. v. Morzin.   Suys.   Joan Lodouico Isolano.

G. H. v. Scherffenberg.   Fr. Wilhelm Mohr vom Waldt Obr.   Hans Rudolff v. Breday.

W. Lamboy.   Gonzaga.   Johan Beck.

. v. Wolff.   A. Waeuell Obr.   Jh. v. Wiltberg.

Florent de la Fosse.   John Henderson.

Walter Butler.   . . . Montar v. noyrel.

Julio Diodati.   Buryan Ladislaw von Waldstein.   Hans Karl von Prichowncz.

la Turnett.   J. G. Ranchhoupt.

Petrus v. Lossy.   Sebestyan Kosserczky.

Marcus Corpesz.   A. Gordon.

Georg Friderich von Milheim Obl.

Johann Ulrich bißinger. ol.   M. W. v. Teufel.
de la mouilly.   Siluio Piccolomini.
Johan Wangler, Oberſtleutn.   J. Heinrich v. u. zu Schütz.
Tobias von Gissenborg.   Juan de Salazar.
Hſ. von Waldenfelß.   Lucas Notario.
don Felipi Corrasco
dessineros.   Carl Balbiano.
Johan Jacob von Rodell   Felix von Altmanshaußen.
zu Rodell.

                       Bernhart Hamerl.
                       J. Chriſtoph Peuther.

Herr Veldtmarſchalch **von Jlow hat dieſes** im nahmen ſambtlicher Generalofficiren Obriſten vndt **anderen** der Regiemendter Commandanten mit ſeinem größern Inſiegell becrefftigt. So geſchehen Anno die **et** mense ut supra.

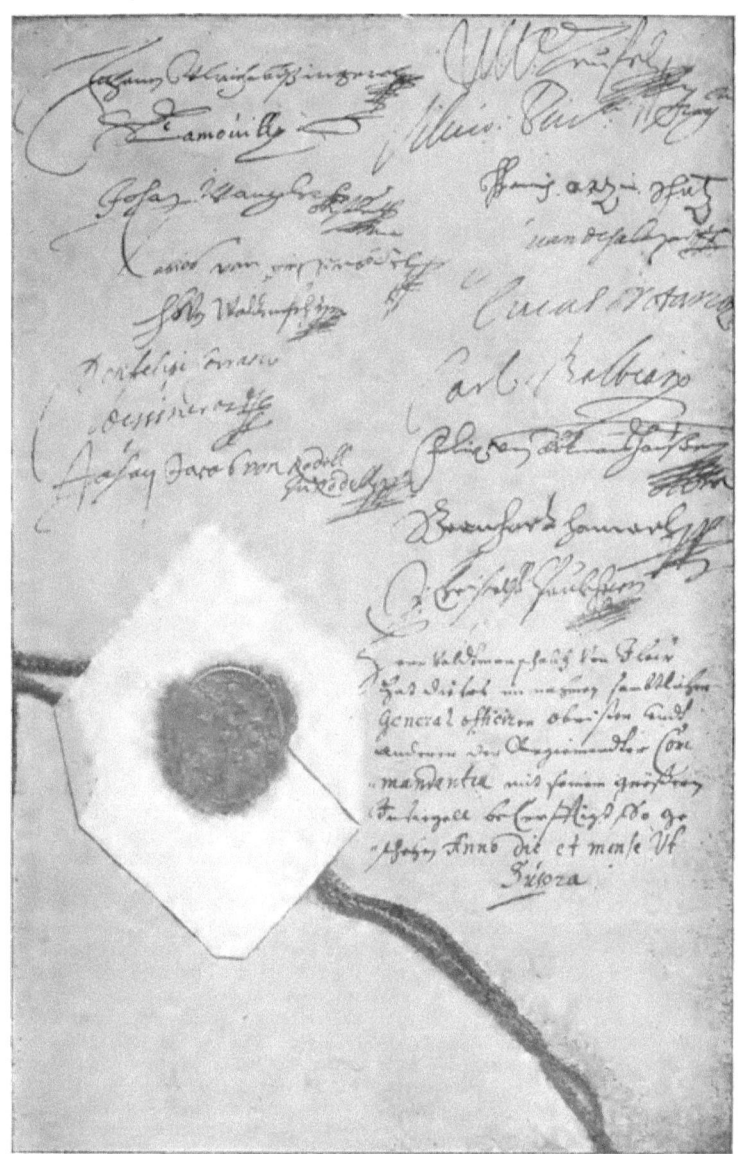

Abb. 128. Aus dem I. Pilsener Schluß. Nach dem Original in der Reichsgräflich Schaffgotsch Freistandesherrlichen Majorats-Bibliothek zu Warmbrunn.

Abb. 129. Das Rathaus in Pilsen.

eingelassen. Um ihn an den zu erwartenden Verhandlungen teilnehmen zu lassen, ließ Wallenstein Gallas nach Pilsen kommen, und sie warteten und warteten. Auch seine Obersten befahl er nochmals in diese Stadt. Schiller läßt des Friedländers Gattin und Tochter, von Max Piccolomini geleitet, in Pilsen eintreffen; in Wahrheit weilte die Herzogin mit der noch nicht neunjährigen Tochter in Wien — und Octavio hat nie einen Sohn gehabt.

Die Nachricht vom Pilsener Revers war bald nach Wien gekommen und hatte dort in Wahrheit dem Faß den Boden eingestoßen. Die kaiserliche Kommission zur Regelung des Verhältnisses zu Wallenstein, der Eggenberg, Trautmannsdorff, aber keiner der fanatischen Gegner des Herzogs angehörten, beschloß seine Absetzung, ernannte am 24. Januar Gallas einstweilen zum Höchstkommandierenden und versprach, um die Armee des „gewesenen General Obersten Feldhauptmanns" zu gewinnen, allen, die am 12. Januar unterzeichnet hatten, Straflosigkeit bis auf zwei Rädelsführer, Ilow und Trczka. Aber das Patent wurde zunächst äußerst geheim gehalten, weder Onate noch Michel erfuhren davon, nur Gallas, Piccolomini und Aldringen wurde es Anfang Februar durch den Generalkriegskommissar Walmerode zugestellt. Der Kaiser blieb mit dem Herzog noch bis Mitte Februar in scheinbar unbefangener Korrespondenz; damit täuschte er diesen, wie er gleichzeitig vom Friedländer brieflich getäuscht wurde, wenn auch die Thaten nicht trügen konnten.

Es war schwierig, dies Absetzungspatent in die Wirklichkeit zu übertragen. Wenn das Heer nun bei Wallenstein blieb! Aldringen lag in Passau, Piccolomini war von Wallenstein selbst nach Österreich geschickt worden und befand sich in Linz, aber Gallas, von dem diese ihre Befehle zu erwarten hatten, war ja in der Höhle des

Abb. 130. Octavio Piccolomini de Aragona.
Nach einem Kupferstich von Cornel. Galle.

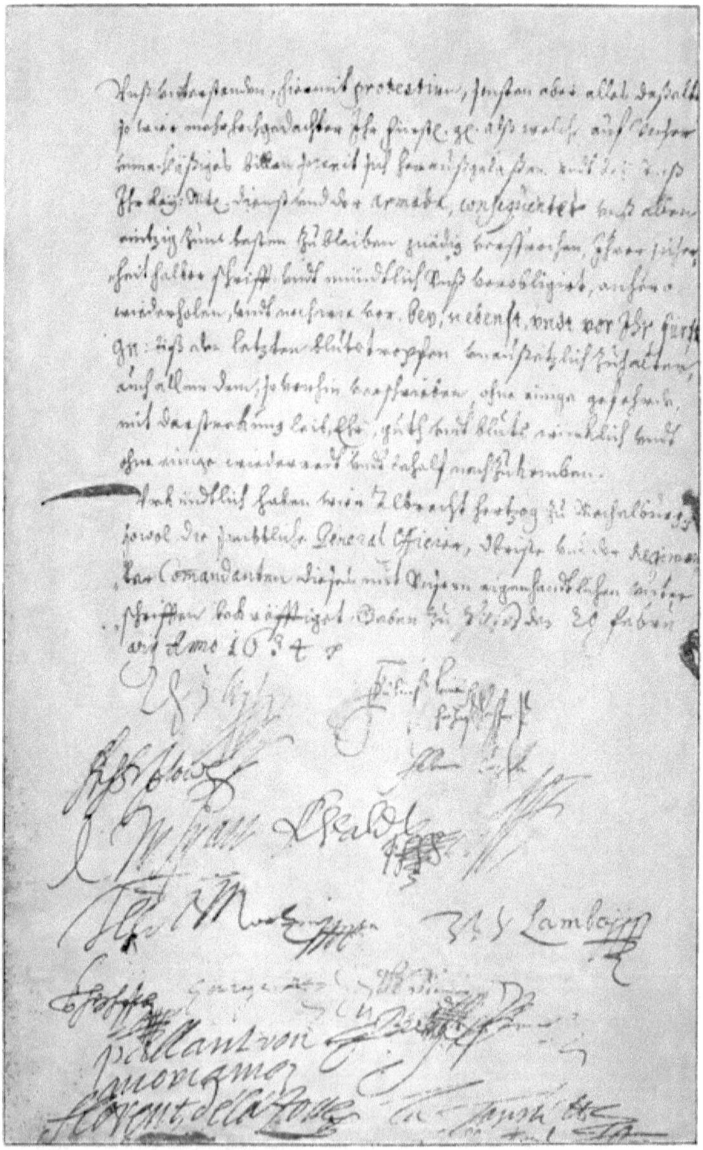

Abb. 131. Aus dem II. Pilsener Schluß. Nach dem Original in der Reichsgräflich Schaffgotsch Freistandesherrlichen Majorats-Bibliothek zu Warmbrunn.

vnß vnterstanden, hiermit protestirn; sonsten aber alles daßelbe so wier mehrhochgedachter Ihr Fürstl. Gn., alß welche auf Vnser vnnachläßiges bitten soweit sich heraußgelassen vndt bey Vnß Ihr. May. Mt. Dienst vnd der armada, consequenter vnß allen eintzig zum besten zu bleiben gnädig versprochen, Ihrer sicherheit halber schrifft: vndt mündtlich Unß verobligirt, anhero wiederholen vndt noch wie vor bey, nebenst vndt vor Ihr Fürstl. Gn. biß den letzten blutstropfen vnaußetzlich zuhalten, auch allem dem, so vorhin verschrieben, ohne einige geferde, mit Darstreckung leib, Ehr, guth vndt bluts würcklich vndt ohne einige wiederredt vndt behelf nachzukomben.

Vrkündtlich haben wier Albrecht Hertzog zu Mechelburg ꝛc. sowol die sambtliche General Officier, Obriste vnd der Regimenter Commandanten dieses mit Vnsern eigenhändtlichen vnterschrifften bekräfftiget. Geben zu Pilsen, den 20. Februarij Anno 1634.

A. H. z. M.   Juliuß Heinrich
                                                Hertzog zu Sachsen.
Ch. v. Ilow.   Adam Trczka.
E. G. v. Sparr.   F. v. Waldt.
     R. Fr. v. Morzin.   W. Lamboy.
G. H. v. Scherffenberg.   Gonzaga.   H. G. Breiner.
     paillant von   J. Bed.
     Moriame.
Florent de la Fosse.   La Tornett.
     . . . . . . go.   Wylhellem Trczka.

Petrus Lossy.
Marcus Corpes.
Hans Khorl
von P.
Sebestyan Koszedsky.   J. Heinrich v. u. zu Schütz.
Johan Wangler   Nicola Millj Droghi.
    Obristleut.
W. Adelzhoun.   Paul Prichowitz (?)
Carl Balbiano.   Nicola Millj Droghi.
Stephan Puttwick.   Paul Prichowitz (?)
Bernhard Hamerl
Ob. Leutnandt.

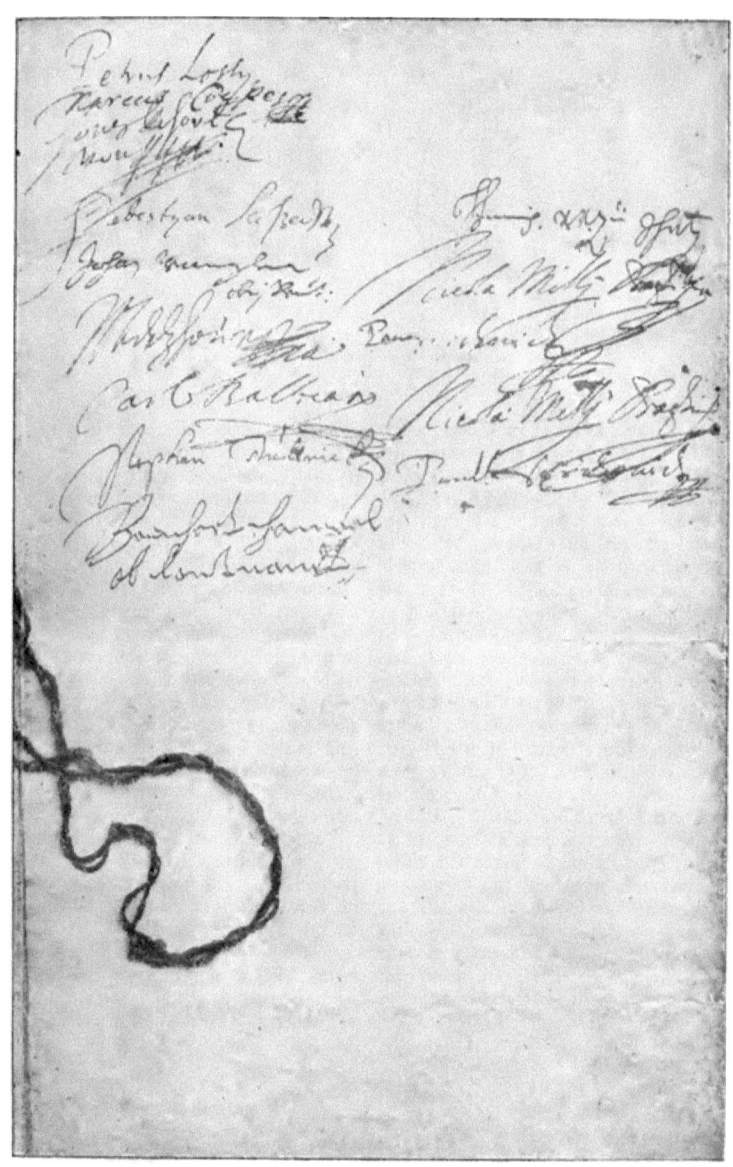

Abb. 132. Aus dem II. Pilsener Schluß. Nach dem Original in der Reichsgräflich Schaffgotsch
Freistandesherrlichen Majorats-Bibliothek zu Warmbrunn.

Abb. 133. Denkmünze auf Octavio Piccolomini.
Nach einem Exemplar im Königl. Münzkabinett zu Berlin.

Löwen! Welche einzelnen Schritte man that, um das Heer zu gewinnen, wissen wir nicht; Beförderungen, Geschenke, Versprechungen thaten das Ihre, der Name des Kaisers, der Abscheu der beutegierigen Soldateska vor dem Frieden, bei vielen auch der Eid, den sie dem Kaiser geschworen hatten. Und dann — das Heer war nicht mehr auf Wallensteins Führung zu Sieg und Kontribution angewiesen, denn es lag in den Erblanden und wurde von ihnen ernährt: es war aus einem Wallensteinschen ein österreichisches Heer geworden.

Es ist erschütternd, wie Wallenstein den Grafen Piccolomini mit seinem Vertrauen verfolgte, ihm, der das Jagen gegen ihn führte, befahl er, auf Aldringen, dem er nicht recht traute, zu achten! Sie „dissimulirten" beide, um ihn in Sicherheit zu wiegen. Auch Aldringen wurde nach Pilsen befohlen, aber er zögerte, sein Versprechen, hinzukommen, einzulösen. Gallas, der voll Ingrimm in Pilsen bleiben mußte, um nicht verdächtig und gefangen genommen zu werden, entschuldigte ihn nach Kräften. Aber die Aktionsfreiheit der Verschworenen war gelähmt, sie mußten, da Gallas verhindert war, vom Kaiser neue Verhaltungsmaßregeln einholen.

Unterdessen war Šnate zu der bewußten Kommission zugezogen worden, und er vertrat die Ansicht, „daß es ebenso leicht und weniger Gefahr dabei sei, den Friedland gleich gar umzubringen, als zu fangen und zu bewahren". Durch ihn bewogen schickte der Kaiser an Aldringen, der heimlich in der Nacht vor den Thoren Wiens wartete, den Befehl, „sich Wallensteins durch Gefangennahme oder Ermordung zu versichern". Offiziell wurde als des Kaisers Absicht ein Prozeßverfahren gegen Wallenstein in aller Form Rechtens bezeichnet, aber die Angst, die beklemmende Furcht sah im Tode des überlegenen Gegners die einzige Beruhigung.

Der Friedländer wartete auf Aldringen wie auf Arnim. Um Aldringen endlich zum Erscheinen zu veranlassen, sandte er in unbegreiflicher Vertrauensseligkeit Gallas ab, er öffnete dem Fuchs die Falle. Sofort unterzeichnete dieser einen Armeebefehl, Weisungen nicht mehr von Wallenstein, Terzka und Ilow, sondern nur noch von ihm, Aldringen und Piccolomini an-

Abb. 134. Namenszug Gordons. Nach Hauler: „Wallensteins letzte Tage".

Abfall der Offiziere.

Abb. 135. Namenszug Walter Butlers.

Abb. 136. Namenszug des Obristwachtmeisters Walter Leslie.

zunehmen. Aber veröffentlicht konnte diese Ordonnanz noch nicht werden, mit Rücksicht auf Piccolomini, der nach Pilsen gehen sollte, um mit Hilfe der treuen Obersten sich des Gestürzten zu bemächtigen. Dort sollte dieser auch den Armeebefehl unter der Hand bekannt geben. Als er aber in Pilsen ankam, fand er andere Truppen vor, als er erwartet hatte, denn Wallenstein hatte solche herangezogen, denen er größeres Vertrauen schenkte. So unterblieb hier die Mitteilung von Gallas' Befehl, sie erfolgte aber bei den anderwärts gelegenen Regimentern. Und eigenartig zu beobachten ist es, daß Wallenstein nun auch seinen hartnäckigsten Feind aus den Händen ließ, ihn selber nach Linz zurücksandte, um sich Österreichs zu versichern. Er setzte ein felsenfestes Vertrauen auf das, was er in seinen geliebten Sternen gelesen hatte.

Piccolomini erhielt sofort von Gallas Befehl, mit 2000 Reitern gegen Pilsen aufzubrechen. Aber Wallenstein wurden plötzlich die Augen geöffnet. Der Oberst Diodati sammelte in aller Stille seine bei Pilsen einquartierten Soldaten und zog Piccolomini nach, der spanische Agent Navarro entfernte sich heimlich von Pilsen, die Ratten verließen das dem Untergange geweihte Schiff. Wallenstein, der nichts von seiner Absetzung wußte, der den Armeebefehl nicht kannte, begann zu ahnen, daß der Kampf gegen den Kaiser, mit dem er in Gedanken so oft gespielt hatte, nicht mehr von ihm abhing. Er, der geglaubt hatte, das Geschick zu zwingen, wurde von den Ereignissen überholt. Nun suchte er unzweideutig die Hilfe, die er vorher nur vorsichtig angedeutet hatte. Durch Franz Albrecht von Lauenburg ließ er Arnim

Abb. 137. Ruinen des Bankettsaals in der Kaiserpfalz zu Eger, in dem die Wallensteinschen Offiziere ermordet wurden.

schriftlich bitten, einige tausend Reiter an der böhmischen Grenze zu sammeln, um ihm im Fall der Not gegen den unbotmäßigen Teil seiner Armee, also gegen den Kaiser, zu Hilfe zu kommen und den ihm treu ergebenen Schaffgotsch in Schlesien zu unterstützen. Er rief also den Feind gegen seinen Kriegsherrn auf. Zugleich schickte er den Lauenburger zu Herzog Bernhard nach Regensburg mit dem Verlangen, etliche tausend Pferde an den Grenzen in Bereitschaft zu halten, wenn er gegen seine „Widerwärtigen" losbräche.

Seine eigenen Truppen wollte er bei Prag am 23. oder 24. Februar sammeln und sich selbst dorthin begeben. Vorher aber setzte er sich mit den in Pilsen vereinigten Obersten auseinander. Am Abend des 19. Februar versicherte er ihnen heuchlerisch, wieder durch seine Krankheit gehindert, sein Lager zu verlassen, daß er niemals gegen den Kaiser und die Religion gehandelt habe. Wohl aber gäbe es am Hofe eine Partei, die dem vom Kaiser gewollten Frieden entgegenarbeite und die vorhandenen Geldmittel nicht der Armee zu gute kommen lassen wolle. Er verwahrte sich gegen die falsche Auslegung, als ob der erste Pilsener Schluß gegen den Kaiser gerichtet sei, versprach, die Armee und die Offiziere von aller Pflicht gegen ihn loszusprechen, wenn sie merkten, daß er das geringste gegen den Kaiser und die Religion vorzunehmen sich unterstünde, und verlangte die Wiederholung ihres Treuversprechens. Die Offiziere nahmen seine Erklärung an, legten ihre Meinung schriftlich nieder, z. B. Butler: „Weil er siehet, daß Ihr Fürstl. Gnaden nichts suchten, als zu Dienst der Röm. Kais. Maj. die Conser-

Abb. 138. Ermordung der Wallensteinschen Offiziere.
Nach einem im Besitz der Stadt Eger befindlichen anonymen Gemälde.

virung der Armada und Contentirung der Soldatesca, als verobligiret er sich, bei Ihr Fürstl. Gn. zu leben und zu sterben." Am folgenden Tage wurde Wallensteins Versprechen und ihre Erklärung, bei ihm bis auf den letzten Blutstropfen auszuhalten, in einen zweiten Pilsener Schluß gebracht und vom Herzog und 32 Obersten unterzeichnet. (Schillers Drama kennt nur einen Pilsener Revers, den ersten, verlegt ihn aber auf den Tag des zweiten.) Wie abgeblaßt, wie innerlich unwahr ist dieses zweite Dokument! (Abb. 131, 132). Und doch sandte es Wallenstein Tags darauf durch den Obersten Mohr von Waldt zu seiner Rechtfertigung an den Kaiser zugleich mit dem Ausdruck der Bereitwilligkeit, vom Kommando abzutreten, wenn es mit Manier geschehe, aber der Bote wurde von den Gegnern aufgefangen. Dann gedachte sich Wallenstein zur Konsignation seiner Truppen nach Prag zu begeben, aber Graf Trczka, den er vorausgeschickt hatte, erfuhr drei Meilen vor der lockenden Hauptstadt Böhmens noch nicht Wallensteins Absetzung, wohl aber den Inhalt von Gallas' Armeebefehl, und daß ihm die Stadt verloren sei. Am 21. Februar traf der Graf wieder in Pilsen ein, seine Nachricht war der letzte, schwerste Schlag für Wallenstein; am selben Tage bat Ilow Herzog Bernhard, Kavallerie gegen Eger vorgehen zu lassen, damit sie sich dort mit ihr vereinigen könnten. Wallenstein verbot nun seinerseits den Truppen, von Gallas, Aldringen und Piccolomini Befehle anzunehmen, "die sich ohne Ihrer Majestät Ordinanz unterstehen, etwas zu befehlen".

Die Nachricht, daß die Überrumpelung Wallensteins durch Piccolomini mißlungen sei und daß der Herzog sich Prags zu bemächtigen beabsichtige, hatte Ferdinand veranlaßt, am 18. Februar ein neues, verschärftes Absetzungsdekret voll der schwersten Anklagen, wegen meineidiger Treulosigkeit und barbarischer Tyrannei und wegen

Abb. 139. Das Stadthaus zu Eger, in dem Wallenstein ermordet wurde.
(Das letzte Fenster rechts im ersten Stockwerk gehörte zu Wallensteins Schlafzimmer.)

Strebens nach der Krone, auszufertigen und eine Kommission zur Konfiskation der Güter des Friedländers, Ilows und Trczkas einzusetzen. Ihre reichen Besitzungen sollten zur Befriedigung der Armee dienen. Am 22. Februar wurde die Absetzung veröffentlicht, der Erfolg war überraschend. Die ganze Armee fiel in zwei Tagen vom Generalissimus ab, das mystische Band der begeisterten und furchtsamen Anhänglichkeit an ihn war gelöst. Nur einer blieb ihm treu, Schaffgotsch, er wurde gefangen und

Abb. 140. Hof im Stadthaus zu Eger.

im nächsten Jahre hingerichtet. Einen Angriff auf Pilsen unterließ man, er hätte den Feldherrn ohne Heer in die Gewalt des Kaisers gebracht.

Aber Wallenstein glaubte sich noch im Besitze der Macht, er traute unerschütterlich der bindenden Kraft zweideutiger Federzüge auf einigen Bogen Kanzleipapier. Am 22. Februar war er von Pilsen mit den ihm gebliebenen zehn Compagnien, mit Trczka, Ilow, Kinsky und ihren Frauen nach Eger aufgebrochen: es war der Weg des Todes, den er schritt. Durch Boten suchte er auf Arnim, Oxenstierna und Bernhard einzuwirken, erinnerte letzteren an die zum Aufruhr gegen Ferdinand geneigten Bauern von Oberösterreich und bat ersteren, durch Sachsen nach Eger zu kommen. Unterwegs noch traf er auf Grund seines Generalats Anordnungen zur Konzentration der Regimenter, die er treu glaubte, und suchte alle Truppen an sich zu ziehen, die er traf. So den Oberst Butler, einen katholischen Irländer aus vornehmem Hause, mit seinen Dragonern, der auf dem befohlenen Marsche nach Prag ihm vor Mies begegnete, aber doch am 19. Februar seine Treue gegen Wallenstein von dessen Verhältnis zum Kaiser abhängig gemacht hatte und durch seine Abberufung von der Grenze der Oberpfalz argwöhnisch geworden war. Er schöpfte aus Wallensteins Reden schweren Verdacht und schickte durch seinen Feldkaplan Pater Taaffe Botschaft an Gallas und Piccolomini, daß er gezwungen nach Eger ziehe, „um eine heroische That zu vollbringen".

Am Nachmittage des 24. Februar kam Wallenstein, krank und verlassen, mit dem Rest seiner Truppen, die sich um fünf flüchtige Compagnien verringert hatten, in der Stadt an, von der aus er seinen ersten Zug ins Reich angetreten hatte, und erfuhr seine Absetzung. Das unglückliche Eger, das unter den Wechselfällen des Krieges schwer zu leiden hatte, mit Verachtung des Rechts katholisch gemacht, beim Einfall der Sachsen in Böhmen wieder protestantisch geworden, nach ihrer Vertreibung aber restauriert worden war, sollte zu der Verwirrung seiner Rechtsverhältnisse, der Zerrüttung seines Wohlstandes und der Auswanderung seiner Bewohner auch noch den traurigen Ruhm einer Mordstätte auf sich nehmen! Befehlshaber der Festung war Oberst Gordon, unter ihm stand Oberstwachtmeister Leslie, beides protestantische Schotten. Vergebens suchten Ilow und Trezka sie von ihrer Pflicht gegen den Kaiser abwendig zu machen, sie blieben bei dem Eid, den sie dem katholischen Kaiser geschworen hatten, unverbrüchlich bestehen. Auf einem Bankett am Abend des 25. Februar — Schiller läßt die folgenden Ereignisse sich noch am 24. abspielen — hofften die Vertrauten Wallensteins weiter in sie einzudringen, sie luden sich bei Gordon auf der Burg zu Gaste. Aber die beiden Protestanten tauschten das, was sie erfahren hatten, mit dem Katholiken Butler aus, der vernommen hatte, daß der Herzog mit dem bestgehaßten Protestanten Arnim in Eger verhandeln wolle. In der Beratung dieser drei so verschieden gearteten Männer wurde Wallensteins Schicksal beschlossen. Fiel er, so durften seine Anhänger nicht am Leben bleiben — Gordon gab sein Haus zum Verbrechen her. Die ahnungslos Tafelnden wurden, nachdem die Diener entfernt waren, durch Soldaten, die Gordon heimlich eingelassen hatte, nach heftigem Kampfe niedergemacht. Zuerst fielen Kinsky und Ilow; der Rittmeister Niemann, Wallensteins Sekretär, flüchtete in ein Nebenzimmer und rannte dort in die Spieße der Wache, Trezka gelang es, eine Ecke des Saales zu gewinnen, er hielt sich geraume Zeit, tötete und verwundete mehrere der Angreifer, dann erlag auch er (Abb. 137 u. 138).

Wallenstein hatte das Haus der Witwe

Abb. 141. Frau Pachhelbl, zur Zeit Besitzerin des Hauses in Eger, in dem Wallenstein ermordet wurde.

Pachhelbl (Abb. 141) bezogen und sich bereits zur Ruhe gelegt, als er durch Geschrei in der Nachbarschaft aufgeschreckt wurde. Die Gräfinnen Trczka und Kinsky hatten durch einen Diener, der von der Burg entflohen war, den Tod ihrer Gatten erfahren. Wallenstein öffnete das Fenster, um zu fragen, was der Lärm bedeute, und die Wache zu

„Eine große Gnade, die Gott dem Hause Österreich erwiesen hat," rief Thate aus, als er die Kunde von der gräßlichen That bekam. Die unabhängige Militärgewalt war gebrochen, die Friedenspartei vernichtet, am Missethäter war ohne Recht und Gericht, ohne daß er gehört worden wäre, das Todesurteil vollstreckt.

Abb. 142. Darstellung der Ermordung Wallensteins.
Anonymes Gemälde im Besitz der Stadt Eger.

rufen, da drangen die Mordgesellen, die durch das Hintergebäude und eine Wendeltreppe und den den Hof umziehenden hölzernen Gang in das erste Stockwerk des Vorderhauses gelangt waren, in das Schlafgemach. Der Herzog wandte sich, breitete die Arme aus und empfing lautlos den Todesstreich von der Partisane des irischen Hauptmanns Deveroux (Abb. 126, 140 u. ff.).

Der Kaiser hatte den Auftrag gegeben, Wallenstein zu ermorden, aber er trägt trotzdem nicht die Schuld an diesem Morde. Der Mörder wußte nichts von dem kaiserlichen Befehle, er handelte eigenmächtig. Erst nachdem die That begangen war, traf die Weisung Piccolominis ein, der ja außerhalb Wiens allein mit Aldringen und Gallas um die kaiserliche Entschließung wußte, sich des „gewesten" Generals lebend oder tot

Belohnung der Mörder.

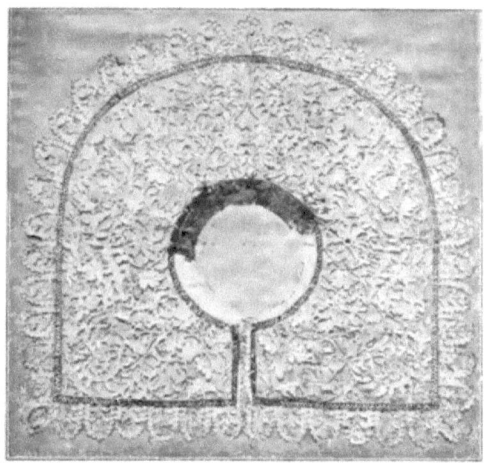

Abb. 143. Spitzenkragen Wallensteins.
Aufbewahrt im Schlosse zu Dux.

zu bemächtigen. Butler, Deveroux, die Söhne der grünen Insel, die in der Blutnacht gewaltet haben, können nicht den zweifelhaften Ruhm für sich in Anspruch nehmen, als Henker eine Exekution ausgeführt zu haben, sie waren Mörder. Aber der Kaiser war ihnen dankbar für ihr Verbrechen, ließ eine Rechtfertigungsschrift veröffentlichen und belohnte sie fürstlich. Den bei der That unmittelbar beteiligten zwölf Soldaten ließ Gallas sofort je 100, dem Oberstwachtmeister Geraldin, „der sie geführt", 2000, den zwei Hauptleuten Deveroux und Macdonald, „die demselben assistiert", 1000 Reichsthaler, den übrigen Soldaten, welche dort anwesend waren, einen Monatssold auszahlen. Deveroux bekam später noch 40000 Gulden und mehrere konfiszierte Güter. Das Vermögen der Ermordeten mußte diese Ausgaben decken, Wallenstein allein hinterließ ja über 9 Millionen, Trczka fast 900000 Gulden. Butler und Gordon wurden jeder mit 120000 Gulden begabt, Gallas bekam die Herrschaften Friedland und Reichenberg, Aldringen die Kinskysche Besitzung Teplitz, Piccolomini die Trczkasche Herrschaft Nachod.

Wallensteins Leiche wurde, bei der strengen Winterkälte bald erstarrt, in einen rohen Brettersarg gezwängt

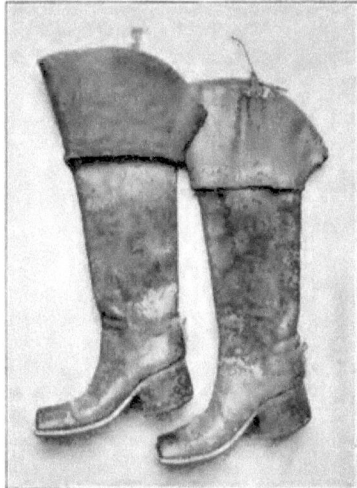

Abb. 144. Wallensteins Stiefel.
Aufbewahrt im Schlosse zu Dux.

Abb. 145. Titelblatt der kaiserlichen Rechtfertigungsschrift.

und zunächst nach Mies geschafft. Im dortigen Franziskanerkloster fanden seine Todesgenossen ihre Ruhestätte, bis auf Niemann, der unter dem Galgen verscharrt wurde. Im Jahre 1636 wurde der herzogliche Sarg dem Grafen Maximilian von Waldstein ausgeliefert und auf einem Leiterwagen ohne Gepränge nach der Kartause Walditz überführt und dort ohne Ehrenbezeigungen neben Wallensteins erster Gemahlin und seinem Sohne bestattet. Als die Kartause 1782 aufgehoben wurde, ließen die Grafen Waldstein den Sarg des größten Sprossen ihrer Familie nach Münchengrätz bringen.

Zweimal hatte der Friedländer das Haus Habsburg gerettet, und doch starb er am Widerstreite gegen dieses Haus. Ausgegangen von dem erfolgreichen Bemühen, Reichtum, Macht und Ruhm zu gewinnen, hatte er sich dem Kaiser angeschlossen und seinen Herrn zur höchsten

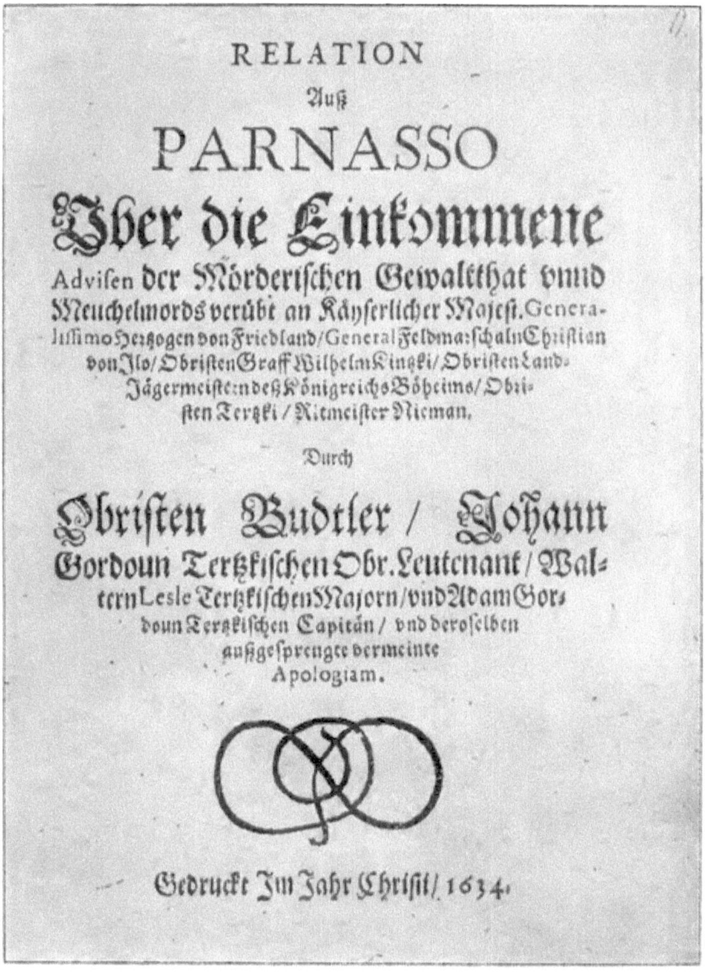

RELATION
Auß
PARNASSO
Vber die Einkommene
Advisen der Mörderischen Gewaltthat vnnd
Meuchelmords verübt an Käyserlicher Majest. Genera-
lissimo Hertzogen von Friedland/General Feldmarschaln Christian
von Ilo/Obristen Graff Wilhelm Kingki/Obristen Land-
Jägermeister:n deß Königreichs Böheims/Obri-
sten Tertzki/Rittmeister Nieman.

Durch

Obristen Budtler / Johann
Gordoun Tertzkischen Obr. Leutenant/Wal-
tern Lesle Tertzkischen Majorn/vnd Adam Gordoun Tertzkischen Capitän / vnd deroselben
außgesprengte vermeinte
Apologiam.

Gedruckt Im Jahr Christi/ 1634.

Abb. 140. Titelblatt einer wallensteinfreundlichen Flugschrift.

Eigentliche Vorbildung vnd Bericht, welcher gestalt d
anderen Obristen vnd Officieren Zu Eger Hi

ALBERTI DVCIS FRIDLANDINI, MILITIÆ CÆSAREANÆ GENERAL
cædes. Egræ die 15 Febr

Abb. 147. Darstellung der Ermordung Wallenst

und seiner Offiziere. Aus dem „Theatrum Europeum".

Stufe der Gewalt emporgeführt. Aber der durch des Kaisers Gnade zu immer neuen Ehren erhobene Diener begann bald sich als Herr zu fühlen und sah in der überragenden Macht, die er Ferdinand gegeben hatte, eine Gefahr für sich selbst und für den Verband der Reichsfürsten, dem er durch kaiserliche Verleihung angehörte. Und so suchte er den Kaiser zu zwingen, dem Reiche die Freiheiten zu bestätigen, die er ihm, auf seinen gewaltigen Diener gestützt, geraubt hatte oder rauben wollte. Sobald aber die Idee der kaiserlichen Gewalt und der Macht des Hauses Habsburg sich gegen ihn kehrte, mußte er ihr erliegen. Um den Kaiser nach seinem Willen zu zwingen, hatte Wallenstein auf den Eigennutz der höheren Offiziere gerechnet, sich aber dabei verrechnet. Diese fanden ihren Nutzen nicht in dem Frieden, der das Bestehende schützen sollte, sondern in einem Kriege, der die Besitzverhältnisse umstieß; sie fanden ihre Rechnung nicht bei einem selbstthätigen Manne, mit dem sie ihren Lohn erkämpfen mußten, sondern bei einem willenlosen und lenkbaren Fürsten, dessen Haus die Welt umspannte, dessen Name der Ausdruck der höchsten Gewalt der Erde war, der aus der Fülle seiner Gnade heraus gegen leichten Dienst Ehren und Besitz auf sie häufen konnte. Ein Schicksal wie das Wallensteins ist nur möglich in den lebhaft bewegten, ja zerfahrenen Zuständen einer Zeit, die aus den Fugen geht. Im Wirbelsturm brauste die Kriegsfurie über Deutschland dahin und warf alles Bestehende vor sich nieder. Alle Leidenschaften waren aufgewühlt, die Gegensätze stießen auseinander, Gewalt ging vor Recht, rohe Willkür und brutale Kraft herrschten unbeschränkt. Als Wallenstein dem Brande, den er wie kein anderer genährt hatte, Halt gebieten wollte, da schlug die Flamme über ihm zusammen und verzehrte ihn; seine eigenen Thaten vernichteten ihn. Er war bei aller Vorsicht in der Verfolgung seiner Pläne leichtsinnig genug, die Mittel zu ihrer Verwirklichung nicht abzuwägen; während er in

Abb. 148. Gedenkblatt auf Wallensteins Ende.
Nach einem anonymen Kupferstich in der Stadtbibliothek zu Ulm.

Abb. 149. Begräbnisstätte Wallensteins in Münchengrätz.

großen, weitblickenden Entwürfen lebte, ließ er das Nächste außer acht, sich eine Grundlage zu sichern; während er mit dem Haupte die Sterne berührte, schwand ihm der Boden unter den Füßen. Und so kam es, daß er seine Rolle ausgespielt hatte, ehe sie zu Ende gespielt war. Unermeßlich wäre der Vorteil für unser Vaterland gewesen, wenn er seine Friedenspläne, soweit wir sie ahnen, hätte ausführen können. Der Verwüstung und Entvölkerung des Landes, der Vernichtung hoher Kultur wäre Einhalt gethan worden, die erschöpfte Nation wäre nicht gezwungen worden, verlorene Güter in hundertjähriger Arbeit neu zu schaffen.

Aber des Friedens, der Libertät und der Religionsfreiheit, die Wallenstein mit allen Mitteln herbeiführen wollte, für die er zum Verräter geworden war, sollten sich die deutschen Lande erst nach ferneren vierzehn langen Kriegsjahren erfreuen, die noch entsetzlicher sein sollten, als des Krieges erste Hälfte.

Abb. 150. V(ivat) F(erdinandus) II.
R(omanorum) I(mperator) S(emper) A(ugustus)
Nach einem gleichzeitigen Drucke.

www.ingramcontent.com/pod-product-compliance
Lightning Source LLC
Chambersburg PA
CBHW030435190426
43202CB00036B/1288